Anke Schwörer-Haag · Thomas Haag

DIE BESTEN ÜBUNGEN

Islandpferde im Tölt fördern

KOSMOS

Die Versammlung

Service

Das Konzept

Neben den Übungen finden Sie Punktsymbole, die den Schwierigkeitsgrad der jeweiligen Lektion anzeigen.

●○○ Basisübung
●●○ leichte Übung
●●● anspruchsvolle Übung

Die Bewertung soll Ihnen helfen, eigene Schwerpunkte zu setzen und das Trainingsprogramm nach und nach zu erweitern.

Der Weg zum Tölt

Sich Zeit lassen für die Ausbildung seines Pferdes – welcher Reiter will das nicht? Seinen Weg zum Ziel formulieren – welcher Reiter kann das? Was ist überhaupt das Ziel?
Für uns ist das Ziel das absolute Gleichgewicht von Pferd und Reiter in allen Gangarten und damit vor allem auch der harmonische und ausdrucksstarke Tölt.

DAS KONZEPT

Guter Ausbildung liegt immer ein durchdachtes Konzept zugrunde, ein schrittweiser Aufbau, ein in sich logisches Modell.
Für die Ausbildung von Reitpferden gibt es das auch: Die Skala der Ausbildung ist seit Generationen erprobt und bewährt. Für Gangpferde ist diese Skala der Ausbildung aber erst anwendbar, wenn systematisch Grundlagen geschaffen sind. Das Pferd muss erst eine Gleichmäßigkeit im Gang lernen und sich ohne Schiefe rhythmisch bewegen können.
Die in diesem Buch zusammengestellten Übungen legen die Grundlagen. Sie bauen im Sinn einer strukturierten Ausbildung folgerichtig aufeinander auf und berücksichtigen dabei biomechanische Erkenntnisse.

Der Schwierigkeitsgrad steigert sich mit jeder Übung – sowohl was die Anforderungen an das Pferd betrifft als auch bei den Herausforderungen, die sich dem Reiter stellen.
So kann jeder anhand der Übungen auch selbst ausprobieren, wo er mit seinem Pferd steht. Idealerweise wird er die Übungen des Buches der Reihe nach durcharbeiten. Bei Dingen, die Pferd und Reiter beherrschen, braucht man sich nicht lange aufzuhalten. Andere Übungen, die sehr einfach zu sein scheinen und damit oft als unwichtig angesehen werden, wird mancher vielleicht spontan auslassen wollen. Wir kennen gute Gründe, warum sich auch solche Übungen lohnen. Das Stehenbleiben ist so ein Fall. Nur wer es wirklich beherrscht, sollte es als erledigt abhaken …

Geduld und Zeit sind so wesentlich bei der Ausbildung eines Pferdes.

DAS ZIEL

Ziel sind Harmonie und Ausdruck, ein Pferd, das Freude ausstrahlt und Lust hat mitzumachen, weil es in jeder Phase der gemeinsamen Arbeit gefordert, aber nicht überfordert wird. Ein Pauken von Übungen bringt beiden Partnern eher Frust und selten Perfektion.

Basisarbeit: Gerade reiten

Ziel der Übungen in diesem Kapitel ist es, dass das Pferd reitbar ist – ohne Stellung und Biegung, einfach nur geradeaus. Der Reiter soll am Ende dieser Basisarbeit jederzeit sorglos aufsitzen können und, ohne dass das Pferd gesundheitlichen Schaden nimmt, mit seinem vierbeinigen Kameraden die Welt erleben. Er kann sich mit seinem Pferd dann in der Bahn und im Gelände sicher bewegen.

EINFACH NUR GERADE

Für die Übungen in diesem Kapitel ist kein allzu großes Können von Pferd und Reiter notwendig. Es geht um das Geradereiten, das Pferd wird nicht gestellt und nicht gebogen (auch auf der Kreislinie nicht). Deshalb darf man das Geradereiten auch nicht mit dem Geraderichten verwechseln. Letzteres richtet Vor- und Hinterhand aufeinander aus und stellt eine Herausforderung an Reiter und Pferd dar. Beim Geradereiten dagegen sind die Anforderungen an den Sitz und die Einwirkung des Reiters eher gering. Er bekommt aber schon ein Bewusstsein für die natürliche Schiefe seines Pferdes. Entsprechend veranlagte Pferde können und sollten schon in diesem Stadium getöltet werden, wobei der Reiter das annimmt, was das Pferd bietet und den Gang noch nicht bewusst formt. Er verbaut sich damit nichts.

Die genaue Arbeit an der Gangtrennung ist allerdings erst möglich, wenn das Pferd tatsächlich gestellt und gebogen werden kann. Darum geht es dann in Kapitel zwei und drei. Eine Ausnahme bilden „schwierige" Pferde. Schwierig, weil sie vom Gang her Mühe haben oder weil sie viel Schlechtes erlebt haben. Sie müssen in der Ausbildung weiter fortgeschritten sein, ehe der Reiter sich mit ihnen überall hinwagen oder mit den Gängen spielen kann.

Was der Reiter (und Käufer) unbedingt wissen und beherzigen sollte: Modern gezüchtete Islandpferde sind in der Regel deutlich besser gangveranlagt als ihre Vorfahren. Ein guter Reiter kann aus diesen Pferden also viel mehr machen. Diese heutigen, hochbegabten Islandpferde sind nun aber nicht mehr die genügsamen Gewichtsträger, die geselligen Naturburschen, die mit eher hohem Rücken und ohne Anstrengung bequemen (Pass)Tölt laufen, egal, wer im Sattel sitzt.

Will er einem modern gezüchteten isländischen Reitpferd – mit schöner Halsung und geschwungenem Rücken – gerecht werden, muss der Reiter es auf seine Aufgabe gewissenhaft vorbereiten. Einfach aufsteigen und spazieren tragen lassen funktioniert mit solchen Islandpferden nicht mehr. Sie nehmen dann Schaden an ihrer Gesundheit, was mit Sicherheit kein Reiter möchte.

Die Gerte verstehen

Das Miteinander von Pferd und Reiter beginnt am Boden. Besonders bei Pferden, die mit der Gerte schlechte Erfahrungen gemacht haben, braucht es viel Geduld, wenn sie diese nun als Hilfe akzeptieren sollen. Ziel ist, dass das Pferd stressfrei reagiert, wenn es mit der Gerte berührt wird. Es soll verstehen, dass eine Gerte ein Signalgeber ist und auch loben kann.

An der Bande stehend lernt das junge Pferd, die Gerte überall zu akzeptieren. Das Ohr ist beim Ausbilder.

SO SIEHT DIE ÜBUNG AUS
Stufe 1

Der Ausbilder stellt das Pferd zunächst neben die Bande oder einen festen Zaun. Dann berührt er es selbstsicher, aber vorsichtig mit der Gerte. Die ganze Körperhaltung des Menschen und seine Stimme wirken beruhigend. Langsam streicht er mit der Gerte über den Pferdekörper. Lässt sich das Pferd den ruhigen Gertenstrich gefallen, wird es ausgiebig gelobt. Je nach Vorerfahrung erfordert besonders dieser Anfang sehr viel Geduld. Bei Pferden, die Vertrauen zum Menschen haben, dauert es aber manchmal nur wenige Minuten, bis sie die Übung verstanden haben.

Das Pferd lässt sich auch die Gerteneinwirkung von außen gefallen und reagiert gelassen.

Das Pferd akzeptiert die Gerte. Es bleibt ohne eine Anlehnung stehen und ist aufmerksam. Nach der Gerte schauen ist erlaubt.

Stufe 2

Ist das erste Ziel erreicht und das Pferd angstfrei, steigert man die Anforderungen. Die Gerte streichelt das Pferd, das nun frei steht, das heißt ohne Anlehnung durch Zaun oder Bande. Auch diese Übung kann unterschiedlich viel Zeit in Anspruch nehmen. Das Pferd soll gelassen stehen bleiben. Diese Zeit ist allerdings gut investiert, denn in der weiteren Ausbildung des Pferdes ist die Gerte ein wichtiges Hilfsmittel.

Tipp

Ganz spielerisch werden auch später in der Ausbildung solche Übungen wiederholt: vor dem Aufsteigen, in einer Rittpause im Gelände oder nach der Arbeit. Dadurch wird die Aufmerksamkeit des Pferdes immer wieder auf den Menschen fokussiert, und er kann erkennen, in welchem Gemütszustand sein vierbeiniger Partner gerade ist.

Stufe 3

In der dritten Stufe verlangt der Ausbilder zwischen dem Gertenstreicheln, bei dem das Pferd nur gelassen stehen soll, eine Reaktion. Das kann zum Beispiel ein Anheben des Hinterbeines sein, das mit der Gerte angetippt wird.
Die Anforderungen werden im Verlauf der Übung variiert, mal soll sich das Pferd nach vorne, danach vielleicht zur Seite bewegen. Wichtig ist, dass es sich dazwischen immer wieder gelassen stehend mit der Gerte abstreichen lässt.

Bitte beachten

- Hat das Pferd eine Übung verstanden, sollte der Ausbilder sie abhaken. Bekanntes zu oft wiederholen, stumpft ab.
- Hektische Pferde dürfen eine Übung gerne so oft machen, bis sie dabei gelassen bleiben können.
- Wird das Pferd mit der Gerte an einer Stelle begrenzt („Halt, hier nicht weiter"), sollte die Gerte an derselben Stelle auch loben.

Anhalten ●●●

Das Zusammenspiel von Impuls (Reagieren, Treiben) und Parade (Reagieren, Tempo zurücknehmen) ist ein wesentliches Element der Kommunikation zwischen Reiter und Pferd. Bis zur höchsten Ausbildungsstufe wird es verfeinert zu einer von außen nicht mehr erkennbaren Sprache. Auch diese Arbeit beginnt am Boden.

Lernt das Pferd, ohne Bande anzuhalten, muss die Gerte als Begrenzung eingesetzt werden. Sie wird bei der Parade an der Stelle angelegt, an der das Pferd vermutlich ausweicht. Anschließend reibt man die Gerte an dieser Stelle, um das Pferd zu loben.

SO SIEHT DIE ÜBUNG AUS
Stufe 1

Reagiert das Pferd fein abgestimmt auf die Gerte (siehe Übung 1), soll es im nächsten Schritt das Anhalten lernen. Am Boden benutzt der Ausbilder dazu seine Körpersprache. Er schneidet dem Pferd beim Führen oder beim Longieren quasi den Weg ab. Reagiert das Pferd auf dieses plötzliche Manöver, indem es anhält, wird es gelobt.

Stufe 2

Nach und nach nimmt der Ausbilder die Signale immer weiter zurück. Das heißt, er tritt nicht mehr direkt vor das Pferd, sondern dreht ihm nur noch die Schultern zu. Reagiert das Pferd wie gewünscht, wird es gelobt. Ziel ist, dass die Bewegung nur noch angedeutet wird und das Pferd zuverlässig reagiert und anhält.

Stufe 3

Die Körpersprache wird ergänzt durch einen wellenförmigen Impuls an der Longe oder dem Seil (siehe Übung 3). Das Ziel ist, dass das mit einem Kappzaum gezäumte Pferd allein auf diesen parierenden Impuls hin anhält.
Diese Erfahrung kommt dem Pferd später unter dem Sattel zugute. Hat es die Grundlage richtig verstanden, wird es auch anhalten, wenn der Reiter eine Parade gibt.

Zusätzlich zu Stimme und Körpersprache wirkt die Longe in der Parade über eine „Welle" ein und veranlasst das Pferd, in Kombination mit den anderen Hilfen, zum Anhalten.

DAS ZIEL

Mit diesen Übungen am Boden und später vom Sattel aus, lernt das Pferd zu stehen, ohne dass es über ein Festhalten dazu gezwungen wird. Es soll auf den leichten Ruck am Kappzaum ausbalanciert reagieren und dann ohne Verbindung frei und gelassen stehen bleiben. Das darf anfangs ruhig auch ein bisschen länger sein, damit sich das Pferd tatsächlich dabei entspannen kann.

Tipp

Das Pferd kann nur entspannt mitarbeiten, wenn es versteht, was gewünscht ist. Spannungsfreiheit ist die Grundvoraussetzung dafür, dass das Pferd die Hilfen durchlassen kann; nur dann kann der Reiter später mit seiner Einwirkung das jeweils gewünschte Hinterbein erreichen.

Kommunikation über den Kappzaum ●●○

Eine Grundregel bei der Arbeit am Boden ist, dass der Ausbilder niemals konstant am Kappzaum zieht – weder beim Führen noch beim Longieren. Das hat nicht nur einen psychologischen Grund, sondern auch einen physischen: Ein festgehaltenes Pferd folgt mit Kopf und Hals dem Zug, verdreht sich im Körper und fällt in der Hinterhand aus. Es tut also genau das Gegenteil dessen, was mit der Arbeit erreicht werden soll.

 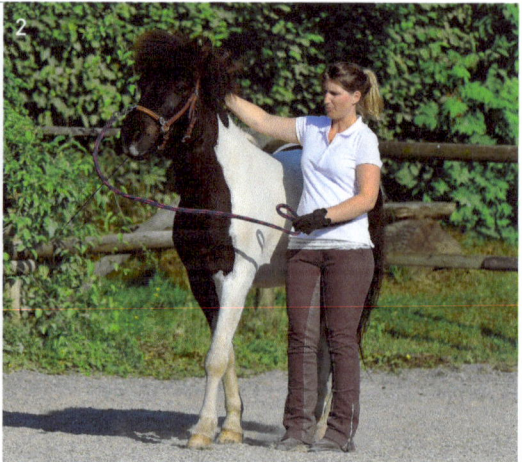

SO SIEHT DIE ÜBUNG AUS

Die richtige Kommunikation funktioniert über ein wellenförmiges Zupfen an der Longe. Der Kappzaum lässt sich aus der Ferne – abgesehen von einem unerwünschten Ziehen – nur bewegen, wenn die damit verbundene Leine wellenförmig angezupft oder angeschlagen wird. Entscheidend für die Art des Zupfens ist die Vorstellung der Hilfe, die beim Pferd ankommen soll.

Die Welle vorwärts

Sie signalisiert dem Pferd, dass es das Genick aufmachen und die Nase mehr nach vorne nehmen soll. Der Ausbilder gibt diese Art der Parade dann, wenn sich das Pferd hinter der Senkrechten verkriechen will.
Er schlägt die Leine von sich weg in Laufrichtung so an, dass sie der Pferdenase einen Impuls nach vorne gibt.

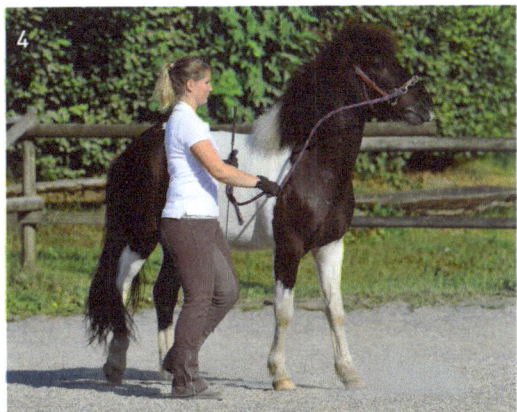

Die Welle rückwärts

Sie signalisiert dem Pferd, dass es anhalten soll. Hier ist das Ziel der Leinenbewegung, dass das Pferd tendenziell eher zurückzuckt.

Die abweisende Welle

Sie platziert den Kopf des Pferdes nach außen. Sie wird vom Ausbilder weg auf das Pferd zu ausgeführt, setzt damit eher seitlich an und soll bewirken, dass das Pferd der Bewegung nach außen ausweicht.

Die anlockende Welle

Sie orientiert das Pferd zum Ausbilder hin und bewirkt, dass es sich mehr im Genick stellt.

Bitte beachten

Deutlicher wird diese Übung, wenn nicht nur am Pferd geübt wird. Nehmen Sie auch einmal selbst das Ende der Longe oder Führleine in die Hand, während ein Partner die unterschiedlichen Wellen „sendet" und wechseln Sie die Positionen. Was fühlen Sie? Es ist wichtig, zu beobachten, ob ein Signal beim Pferd die gewünschte Wirkung hat.

1 Richtig ist es, wenn der Ausbilder zum Anhalten den Hals des Pferdes gerade oder mit leichter Außenstellung lassen kann. Die Longe wird nur angeschlagen.

2 Für die abweisende Welle darf die Leine in der Parade auf keinen Fall Zug ausüben. Zug erzeugt Gegenzug. Anschlagen der Longe führt zum Ziel.

3 Wird die Welle rückwärts ausgeführt, verhindert die Gerte von außen, dass das Pferd mit dem ganzen Körper ausweicht.

4 Die Welle vorwärts öffnet das Genick.

5 Die anlockende Welle orientiert das Pferd zum Ausbilder hin. Auch hier darf nicht gezogen werden.

Diagonale Einwirkung ●●●

Geradereiten setzt voraus, dass Pferd und Reiter die Abfolge einer diagonalen Einwirkung verstanden haben. Idealerweise wird das zunächst am Boden geübt – auch, weil der Ausbilder dabei die natürliche Schiefe seines Pferdes (siehe Übung 19) gut beobachten kann. Diese Übung ist auf der hohlen Seite viel schwieriger als auf der falschhohlen Seite.

Das Pferd, das auf diesem Bild noch etwas zu viel Halsbiegung hat, wird mit der Gerte von außen gelenkt.

Bereitwillig folgt das Pferd der Einwirkung und schiebt die Schulter in Richtung des Ausbilders.

SO SIEHT DIE ÜBUNG AUS

Das Pferd wird am Kappzaum geführt, wobei die Leine am mittleren der drei Ringe befestigt ist. Der Ausbilder geht neben dem Pferd.
Die Aufgabe ist es nun, von der Bande (oder einer beliebigen Begrenzung) weg, das Pferd auf eine Zirkellinie nach innen abzuwenden. Das Abwenden wird dabei nicht am Führstrick eingeleitet, sondern mit der Gerte. Dazu wird diese an der äußeren Schulter oder sogar noch weiter vorne am Hals eingesetzt, wobei der Ausbilder seinen Arm über den Rücken des Pferdes führt.
Soll das Pferd weniger wenden (den Kreisbogen also nicht kleiner machen) oder wieder geradeaus gehen, „wandert" die Gerte rückwärts in Richtung äußere Hinterhand.

Bitte beachten

Der Führstrick innen hat keine stetige Verbindung und reguliert über Paraden ausschließlich das Tempo. Er darf den Kopf des Pferdes nicht nach innen ziehen. Das Pferd soll im Hals unbedingt gerade bleiben. Mehr noch: Es darf sich sogar nach außen ausbalancieren. Entscheidend ist nicht die Richtung, in die der Hals des Pferdes zeigt, entscheidend ist, dass der Ausbilder die Schulterpartie des Pferdes beliebig verschieben kann und damit eine Änderung der Bewegungsrichtung herbeiführt.

DAS ZIEL

Der Ausbilder am Boden spürt (ebenso wie später der Reiter), dass er auf der hohlen Seite viel geschickter agieren muss. Die Impulse zum Anhalten müssen auf dieser Seite zum Beispiel viel kürzer gestaltet werden, wenn das Pferd mit geradem Hals richtig reagieren soll. Auch muss der Ausbilder lernen, dass sich die Parade innen und das treibende Signal der Gerte von außen ergänzen und dass es eine Rolle spielt, ob vorne oder hinten oder auch auf Höhe des Reiterschenkels getrieben wird.

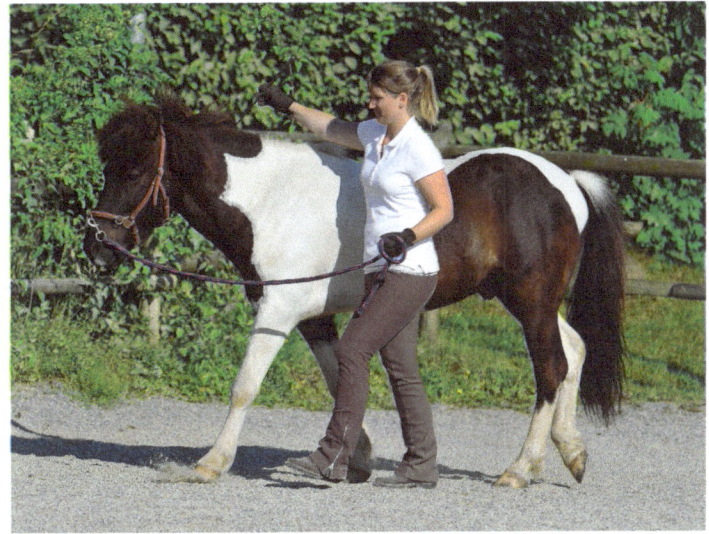

Wird die Gerte sehr weit vorne eingesetzt, was manchmal sinnvoll ist, muss der Ausbilder aufpassen, dass Kopf und Auge nicht berührt werden.

Hat das Pferd die Einwirkung verstanden und macht den Kreisbogen von sich aus kleiner, wandert die Gerte in Richtung Hinterhand.

Stehenbleiben

Nach den Basisübungen am Boden geht es in den Sattel. Dabei ist das Stehenbleiben eine der selbstverständlichsten Übungen im Miteinander von Reiter und Pferd – und trotzdem eine, die leider sehr oft sträflich vernachlässigt wird. Doch lohnt sich jede Minute, die ein Ausbilder in diese Übung investiert, denn sie ist nichts anderes als reine Erziehung.

SO SIEHT DIE ÜBUNG AUS

Das Pferd muss stehen bleiben, wenn der Mensch das will. Besonders aber, wenn aufgesessen wird und auch danach – und zwar so lange, bis der Reiter ganz bewusst das Signal zum Losgehen gibt.

Stufe 1

Zunächst lernt das Pferd, angebunden zu stehen. Der Ausbilder kann bei sehr unruhigen Pferden anfangs auch noch daneben stehen bleiben. Ziel ist es aber, dass das Pferd alleine und gelassen steht, bis es wieder losgebunden wird.
Auch bei der weiteren Boden- und Longenarbeit übt der Ausbilder das Stehenbleiben.

Stufe2

Für das Aufsteigen kann der Reiter sich und seinem womöglich unruhigen Pferd das Stehenbleiben erleichtern, indem er immer am selben Platz aufsteigt – vielleicht dort, wo das Pferd vorher häufig angebunden war. Zuvor sollte der Ausbilder sicherstellen, dass das Pferd auch mental bei ihm ist. Er kann sich die Aufmerksamkeit mit Streicheln holen, womöglich auch mit einem Leckerli – und übt so lange geduldig, bis das Pferd sich nicht mehr wegbewegt, auch in der größten Aufregung drum herum nicht.

Zum Stehenbleiben im Geradereiten pariert nur ein Zügel im Gebiss. Diese Art der Parade ist beschrieben in Übung 7.

DAS ZIEL

Diese Übung schult die gemeinsame Balance von Reiter und Pferd. Kann es frei und gelassen stehen, ist es zumindest in diesem Moment schon mal im Gleichgewicht. Sie garantiert auch, dass die Arbeit ohne Spannung begonnen werden kann. Stress beim Aufsteigen hat negative Auswirkungen auf die folgende Arbeit. Übrigens ist gelassenes Stehen auch die Voraussetzung für die spätere versammelnde Arbeit im Stand.

Je öfter das gelassene Stehenbleiben mit Loben kombiniert wird, umso sicherer steht das Pferd auch, wenn der Reiter sich bewegt.

Merke

Wenn Pferde beim Aufsteigen nicht stehen bleiben, ist das kein Zeichen von Temperament, sondern nur ein Zeichen von Ungehorsam. Sie konzentrieren sich nicht auf ihren Reiter, akzeptieren diesen nicht als „Herdenchef".

Bitte beachten

- Zum Anbinden sollte unbedingt ein stabiles Halfter und ein solider Strick verwendet werden;
- Anbindepfosten oder -stangen sollten immer fest verankert sein;
- der beste Ort zum Anbinden für diese Arbeit findet sich im Longierzirkel, wenn sich das Pferd dort gut auskennt und sicher fühlt.

Das Ziel durchdenken

Machen Sie sich bewusst, welche (langfristige) Aufgabe jetzt vor Ihnen und Ihrem Pferd liegt. Das Gebäude der tölt- und rennpassveranlagten Pferde bedingt, dass sie ihrem Gleichgewicht eher hinterherlaufen. Der Reiter im Sattel verstärkt das Gleichgewichtsproblem. Weil die Hinterhand des Gangpferdes mehr schiebt als trägt, wirkt sich die natürliche Schiefe stärker aus.

Hat ein Pferd viel Passveranlagung, wird es im Tempo immer dem Gleichgewicht hinterherlaufen. Das zeigt sich speziell im Galopp. Viele Reiter kommen dann auf die Idee, den Sattel zurückzuschieben, um Balance herzustellen. Doch das funktioniert nicht – im Gegenteil: Das Pferd wird im Rücken fest, der Brustkorb fällt nach unten, der Unterhals kommt heraus.

SO SIEHT DIE ÜBUNG AUS

Ein im Tölt, besonders aber im Rennpass veranlagtes Pferd ist von der Tendenz her sowohl in der Vorhand als auch in der Hinterhand rückständig. Wie sich das auswirkt, können Sie mit einer kleinen Übung nachvollziehen:

Tragen Sie mit ausgestreckten Armen ein großes Gewicht vor sich her. Sie werden vermutlich immer schneller gehen, um das Gleichgewicht zu halten. Nun laufen Sie um eine Kurve – wie geht es Ihnen dabei? Vermutlich geraten Sie heftig ins Schwanken…

Das Gangpferd ist von Natur aus so gebaut, dass die Hinterhand eher schiebt (und damit hohes Tempo ermöglicht) und weniger trägt. Selbst im Galopp unterscheiden sich die Drei(Vier)gänger und Fünfgänger. Erstere kommen, wenn sie nicht solide gearbeitet sind, auf die Vorhand, weil die Hinter-

Solange der Rücken des Pferdes blockiert ist und der Brustkorb zwischen die Vorderbeine fällt, nützt selbst ein klarer Viertakt nichts. Wenn es wirklich im Gleichgewicht tölten soll, muss das Pferd sich erst vorwärts-abwärts dehnen können.

hand zu viel nach oben springt. Letztere sind so auf der Vorhand, dass sie ihrem Gleichgewicht hinterherlaufen und deshalb vielleicht gar nicht galoppieren können.

Gerade weil er sein Pferd mit seinem Gewicht viel stärker aus dem Gleichgewicht bringt, muss sich der Gangpferdereiter besonders intensiv mit der natürlichen Schiefe auseinandersetzen. Es genügt nicht, die Hinterhand nur nach vorne zu zwingen. Wird die Schiefe dabei nicht ausgeglichen, entstehen Spannungen, die dem Pferd ernsten Schaden zufügen. Ausdrücklich sei gesagt: Sinnvolle Gymnastizierung ist nur möglich, wenn Reiter und Pferd im Gleichgewicht sind.

Tipp

Nicht wenige Reiter spüren, dass ihre Gangpferde dem Gleichgewicht hinterherlaufen. Sie versuchen dies aufzufangen, indem sie den Sattel weiter zurückschieben. Das ist zum einen keine Lösung, weil es höchstens das Symptom bekämpft. Aber noch schlimmer: Ein zu weit hinten liegender Sattel führt unweigerlich zu Verspannungen im Rücken des Pferdes. Er übt schmerzhaften Druck auf den Rückenmuskel aus und führt auf Dauer zu ernsten gesundheitlichen Problemen!

Parieren an einem Zügel ●●●

In dieser Ausbildungsstufe wird der Zügel nur zur Parade eingesetzt und niemals zum Lenken. Gelenkt wird ausschließlich mit der Gerte (siehe Übung 8). Der Reiter verwendet den Zügel wie vorher den Führstrick, er darf keine Anlehnung herstellen. Das Pferd spürt den Zügel im Gebiss nur, wenn es langsamer werden soll. Es darf sich so tief strecken, wie es ihm guttut.

Darf das Pferd – auch in der Parade – nach unten suchen, reagiert es ausgeglichen und kann sich ausbalancieren.

SO SIEHT DIE ÜBUNG AUS
Der Reiter entscheidet sich für eine Seite, zu der sich das Pferd orientieren soll. Auf dieser Seite nimmt er tendenziell den Zügel auf, der Zügel auf der anderen Seite kann durchhängen. Zum Anhalten setzt der Reiter immer wieder am „aufgenommenen" Zügel kurze Paraden. Das Nachgeben kommt so schnell, dass die Dehnung nicht gestört und der Hals des Pferdes nicht schief gezogen wird. Solange das Pferd den einwirkenden Zügel im Gebiss sucht, darf der Pferdehals sogar in die Gegenrichtung zeigen.

1 Der (in diesem Fall linke) Zügel im Gebiss hat nur die Aufgabe, zu parieren. Er gibt sofort wieder nach.

2 Anlehnung ist in diesem Stadium der Ausbildung nicht erwünscht. Deswegen können, außer in sehr kurzen, parierenden Momenten, gerne beide Zügel durchhängen.

Bitte beachten

- Bis zum Halten kann die Übung durchaus eine längere Strecke in Anspruch nehmen, die Stimme kann und sollte die verlangsamende Einwirkung unterstützen.
- Der zweite Zügel sollte nur im Notfall eingesetzt werden, denn sonst besteht die Gefahr, dass das Pferd die Orientierung zum gewählten Zügel verliert (in diesem Stadium kann man noch nicht von Stellung sprechen).
- Der aufmerksame Reiter wird bei dieser Übung schnell den Unterschied zwischen hohler und falschhohler Seite bemerken. Er kann ein sichereres Gefühl für die natürliche Schiefe seines Pferdes entwickeln.

HINTERGRUND

Als Reiter ist der Mensch oft auf den Pferdehals fixiert. Den Umgang mit Roller, Fahrrad oder Auto gewohnt, will er den Hals lenken und damit das Pferd. Diese Versuchung ist groß, da die Wirbelsäule des Pferdes im Hals beweglicher ist als im Rücken.

Wenn der Reiter pferdegerecht und biomechanisch stimmig einwirken will, sollte er aber die Schultern des Pferdes lenken und sich, besonders beim Geradereiten am Beginn der Ausbildung, völlig frei von der Halsrichtung machen. Die Halswirbelsäule findet später von selbst die passende Form, wenn das Pferd in Stellung und Biegung geritten werden kann, wenn die Rotation des Brustkorbs stimmt und das innere Hinterbein tatsächlich als inneres Hinterbein arbeitet.

Die Gerte als Richtungsweiser ●●○

Ausgleichender Part zur einseitigen Zügeleinwirkung ist beim Geradereiten die Gerte, die das Pferd als Hilfe akzeptiert – ohne Angst, Stress und Weglaufen. Die Gerte bestimmt, wie schon am Boden geübt, die Richtung, die das Pferd nimmt.

> **Tipp**
>
> Der Zügel im Gebiss darf in dieser Stufe niemals lenken. Er darf auch die Position von Kopf und Hals nicht beeinflussen wollen. Seine einzige Aufgabe ist es, zu parieren. Nach der Einwirkung wird der Zügel immer sofort wieder nachgegeben!

Wenn die Gerte als Richtungsweiser eingesetzt wird, bedeutet das Treiben weiter hinten ein Abwenden zur Gerte hin – in diesem Fall also nach rechts.

SO SIEHT DIE ÜBUNG AUS

Die Gerte kann die Schulter und den Halsansatz verschieben und die jeweils gewünschte Hinterhand zum energischen Vortreten motivieren. In diesem Stadium der Ausbildung geht es zunächst darum, die Schulter des Pferdes lenken zu können. Später wird diese Rolle der Gerte nach und nach vom äußeren Zügel am Hals (nicht im Gebiss!) übernommen.

Der Reiter nimmt die Gerte zunächst immer nach „außen", also diagonal zu der Zügelhand, zu der sich das Pferd hin orientieren soll.

Das Pferd soll sich zum Beispiel an den linken Zügel strecken und wird auch mit dem linken Zügel pariert, dann ist die Gerte rechts und wirkt dort im Wechsel mit der parierenden Hand zunächst vorne an oder vor der Schulter ein. Diese Hilfe wird so dosiert, dass sie die Wirkung des parierenden Zügels ausgleicht.

Das Pferd kann in der Parade an einem Zügel langsamer werden und dabei im Hals gerade und gestreckt bleiben, weil durch die treibende Einwirkung die Schulter vor die Hinterhand gerichtet wird. Das Pferd darf sogar seinen Hals von der Bewegungsrichtung wegdrehen, um die Balance zu halten.

Bitte beachten

Durch die geschickte Kombination der Parade innen und dem Treiben von außen geht der Reiter im Schritt geradeaus und versucht, sein Pferd immer wieder anzuhalten. Einem Abwenden infolge der Zügeleinwirkung beugt der Einsatz der Gerte außen vor. Unterstützt wird diese Übung mit der Stimme.

Das Pferd darf sich im Hals so weit nach unten dehnen, wie es ihm guttut. Nach-unten-suchen wird das Pferd nur, wenn die Schulter korrekt vor die Hinterhand gerichtet ist. Kommt das Pferd dagegen in Hals und Kopf nach oben, stimmt die Balance nicht.

Wird die Gerte weiter vorne am Pferdekörper eingesetzt, soll das Pferd von der Gerte weg wenden – in diesem Fall also nach links.

Geradeaus ohne Begrenzung ●●●

Ohne seitliche Anlehnung zu reiten ist schwerer, als die meisten Reiter denken. Die Begrenzung, sei es nun Bande oder Zaun, scheint magische Anziehungskraft zu haben. Wer berücksichtigt, dass jedes Pferd in der Hüfte breiter ist als in der Schulter, dem leuchtet ein, dass eine Begrenzung das Geradereiten eher blockiert als fördert. Die Orientierung zur Bande lässt die Schulter zu weit nach außen rutschen. Also: weg vom Zaun!

Wenn unerfahrene Pferde sich ohne Anlehnung nicht konzentrieren, kann mit der Gerte die Aufmerksamkeit gefordert und die Richtung bestimmt werden.

SO SIEHT DIE ÜBUNG AUS
Stufe 1
Sobald die diagonale Kombination (zum Beispiel Orientierung des Pferdes mit geradem Hals zum rechten Zügel, lenkende Einwirkung links – siehe Übung 7 und Übung 8) erarbeitet ist und das Reiten und Anhalten entlang einer Begrenzung kein Problem mehr darstellt, lenkt der Reiter sein Pferd mit diesen Hilfen – links treiben und rechts parieren – dauerhaft auf den zweiten Hufschlag.
Es schult das Gefühl des Reiters und auch die Reaktionen des Pferdes, sich gegen die magische Anziehungskraft der Begrenzung durchzusetzen. Er wird dabei schon eine Ahnung davon bekommen, wie sicher und selbstbewusst sich ein Pferd anfühlt, das sein Gleichgewicht findet.

Auch wenn es teilweise aussehen kann, als sei ein Pferd gebogen, ist in diesem Stadium nur die Richtung der Bewegung entscheidend. Korrekte Stellung und Biegung kommen später.

Wichtig: Es soll dabei im Körper gerade bleiben und sich in freier Dehnung halten. Es darf sich im Hals nach außen ausbalancieren.

Schnelle Handwechsel im Gang sind in diesem Stadium nicht sinnvoll. Besser ist es, anzuhalten, die Orientierung zu wechseln, wieder im Schritt anzureiten und auf der neuen Hand zu arbeiten, bis das Pferd abschnaubt.

Hauptsächlich braucht es dazu eine gute Konzentration, eine ruhige Hilfengebung und ein vorausschauendes Handeln. Sonst wird das Pferd mit jedem neuen Schritt zurück Richtung Bande/Zaun schwanken.

Stufe 2

Ist auch das Reiten auf dem zweiten Hufschlag kein Problem mehr, kann der Reiter sein gerade gerittenes Pferd auf gebogene Linien lenken und zum Beispiel einen großen Zirkel reiten. Ganz bewusst werden zu diesem Zeitpunkt weder Stellung noch Biegung verlangt. Das Pferd soll sich mit einer feinen Kombination aus Parade und Treiben im Schritt überallhin lenken lassen.

Den Tölt „mitnehmen" ●●●

Im Schritt und beim Anhalten haben Pferd und Reiter die diagonale Hilfengebung verinnerlicht. Als schnelleren Gang nimmt der Reiter nun an, was das Pferd anbietet. In der Regel ist das der Trab, bei fünfgängig veranlagten Pferden zuweilen auch (passiger) Tölt. Das kann der Reiter, auch wenn es noch nichts mit gezielter Töltarbeit zu tun hat, annehmen und genießen.

VORAUSSETZUNGEN

Das Pferd dehnt sich im Schritt konsequent suchend in Richtung des Orientierung gebenden Zügels. Wir reden bewusst nicht von Anlehnung, weil dieses Wort zu 99 Prozent eine rückwärts einwirkende Hand provoziert. Der Zügel im Gebiss darf nicht dauerhaft anstehen und vor allem auch nicht lenken! Vielleicht spürt der Reiter schon hin und wieder Kauen des Pferdemauls.

Das Pferd lässt sich mit der Gerte überallhin dirigieren. Bei dieser Art zu „lenken" kann das Pferd auch den Gang wechseln. Das nimmt der Reiter eher in Kauf, als dass er große Kompromisse bei der Richtung macht. Er nimmt den Tölt quasi mit.

Bietet das Pferd in dieser Phase immer mal wieder Tölt an, weiß der Reiter, dass er sich um das Vorhandensein des Gangs keine Sorgen machen muss.

Ist der Reiter wie hier kompromisslos in seiner Bemühung, nach links zu wenden, kann Tölt entstehen. Der wird, auch wenn er nicht angestrebt war, angenommen.

Tipp

Zwar darf streng genommen in diesem Stadium noch nicht vom reinen Tölt gesprochen werden, da die Bewegung über den Rücken und der Schwung nur über eine korrekte Stellung und Biegung erreicht werden können. Aber das Ziel vieler Reiter ist natürlich das Tölten. Deshalb hat es psychologisch eine sehr heilsame Wirkung, wenn sie spüren, wie leicht sich das Pferd ohne Stress und Zwang in den Gängen verschieben und tölten lässt, sobald es gerade geritten ist.

SO SIEHT DIE ÜBUNG AUS

Um den Tölt „mitzunehmen", verschiebt der Reiter im Schnellerwerden seine abwechselnde Einwirkung aus Impuls außen und Parade innen in Richtung Gleichzeitigkeit.

Das heißt: Fast gleichzeitig mit dem Treiben auf der einen Seite kommt die Zügeleinwirkung im Gebiss auf der anderen Seite. Damit verkürzt der Reiter die diagonale Reaktionsmöglichkeit des Pferdes, er lateralisiert die Bewegung.

Das töltveranlagte Pferd verschiebt sich in der Fußfolge in die laterale Richtung und „töltet". Seine Körperhaltung soll dabei lang und gestreckt bleiben, das Genick offen. Es sucht das Gebiss, hat aber keine konstante Anlehnung, sondern geht zwanglos in freier Haltung. Es darf sich sehr weit nach unten dehnen, weil es so sein Gleichgewicht finden und halten kann.

Mit den Gängen spielen ●●●

Der Moment ist gekommen, in dem der Reiter mit seinem gerade gerittenen Pferd die Vielfalt der Gangarten spielerisch erforschen kann. Nach Bedarf kann er mit seinen Hilfen eine diagonale Bewegung zulassen oder verstärken (diagonalisieren) – das Pferd trabt. Oder er kann die diagonale Bewegung vermindern oder unterbinden (lateralisieren) – das Pferd töltet.

Treibt der Reiter das Hinterbein energisch und gezielt an und muss das Pferd mit dem diagonalen Zügel im Gebiss eingefangen werden, kann es das Maul auch kurz öffnen. Entscheidend ist, dass es nicht festgehalten wird.

SO SIEHT DIE ÜBUNG AUS

Entscheidend für das Spiel mit den Gängen ist, dass der Reiter keine „vorschriftsmäßige" Körperhaltung des Pferdes anstrebt. Er legt aber Wert darauf, dass das Pferd auf der Seite, zu der es orientiert ist, das Gebiss sucht und in Richtung einer zwanglosen Dehnungshaltung tendiert. Im geschickten Wechsel zwischen Impuls und Parade findet der Reiter nun aus dem Schritt über eine Art Rennschritt den schnelleren Gang.

Den Trab findet das Pferd, wenn viel diagonale Bewegung zugelassen wird. Das heißt, beim Antreten lässt der Reiter sich mit dem gefühlvollen Treiben am inneren Hinterbein viel Zeit, sodass das Pferd antritt, aber nicht gleich am äußeren Zügel wieder abgefangen werden muss. Die äußere Schulter bleibt frei. Das Pferd trabt.

Auch wenn der Reiter in dieser Phase der Ausbildung die Erfahrung macht, dass Tölt für sein Pferd kein Problem ist, wählt er für die weitere Arbeit in dieser Stufe zunächst den Trab als bevorzugte Gangart.

Den Tölt findet das Pferd,

wenn der Reiter das innere Hinterbein gezielt und energisch antreibt – so stark, dass er es dann mit dem äußeren Zügel im Gebiss gleich wieder abfangen muss. Die Schulter des Pferdes wird so eingegrenzt, die Diagonale blockiert. Das Pferd töltet.

Reagieren Sie gelassen, wenn es mit der Koordination mal nicht auf Anhieb klappt und strafen Sie das Pferd nicht. In diesem Fall parieren Sie einfach durch und beginnen ruhig noch einmal aus dem Schritt.

DAS ZIEL

Mit dieser Hilfengebung können Sie stressfrei in der Bahn und im Gelände das natürliche Gangpotential, besonders des fünfgängigen Pferdes, ausschöpfen. Es ist wichtig, Spannungen zu vermeiden, die immer negative Auswirkungen haben.

Nicht verwechselt werden darf dieses Spiel zwischen Trab und Tölt allerdings mit der bewussten Gangtrennung, die sich auch auf die Qualität der einzelnen Gangarten auswirkt. Dazu kommen wir später.

Die lateralen Hilfen ●●●

Mit Schenkel und Gerte bestimmt der Reiter in dieser Phase, welches Hinterbein seines Pferdes das innere ist. Beherrschen Pferd und Reiter diese Übung, wird das Fluchttier Pferd zum „Kreisläufer".

SO SIEHT DIE ÜBUNG AUS

Wichtig sind die inneren, lateralen Hilfen des Reiters. Die Hinterhand soll ungezwungen Last aufnehmen. Der erste Schritt in diese Richtung ist getan und somit die Basis für die Versammlungsfähigkeit gelegt.

Das Pferd hat gelernt, auf die Einwirkung von Schenkel und Gerte nicht wegzulaufen, sondern die Bewegung seines Körpers, die Rotation des Brustkorbs, auf die Einwirkung des Reiters hin anzupassen.

Auf der hohlen Seite will der Reiter mit Schenkel und Gerte nun erreichen, dass der hintere Teil der Rippen sich bei jedem Schritt mehr nach außen bewegt und das Hinterbein des Pferdes damit Platz zum Vorschwingen hat. Dies gelingt, indem er bei jedem Schritt den natürlicherweise eher zu kurzen Schwung des inneren Hinterbeins mit seiner Schenkeleinwirkung verstärkt (siehe Übung 19).

Wird die Wendung durch das Treiben des inneren Hinterbeins zu klein, führt der innere Zügel den Hals und den Widerrist wieder nach außen.

Auf der falschhohlen Seite
wirkt der Reiter mit der Gerte
direkt auf das von Natur aus
zu weit innen und damit am
Gewicht vorbeitretende Hinterbein ein.

Die Zügel werden einhändig
geführt, wobei der innere Zügel
dominiert.

Einerseits verhindert der Zügel
im Gebiss im gefühlvollen Zusammenspiel mit dem Treiben
des inneren Schenkels und der
Gerte, dass das Pferd deren
Einwirkung nur als Vorwärts-
impuls versteht und wegläuft.
Andererseits sorgt der innere
Zügel am Hals mit seiner Wirkung gegen den inneren Widerrist des Pferdes dafür, dass
dieses nicht über das Ziel hin-
ausschießt und als Folge des
Treibens innen den Kreisbogen
zu klein macht.

Sobald Pferd und Reiter diese
Abstimmung verinnerlicht
haben, kann der innere Zügel
immer die Richtung bestimmen,
auch wenn das Pferd geradeaus oder in eine Wendung mit
Außenstellung (Konterstellung)
gehen soll.

Das Pferd muss sich treiben lassen.
Nur dann kann der Reiter mit Schenkel
und Gerte das innere Hinterbein zum
gemeinsamen Schwerpunkt arbeiten.

Trab oder Tölt ●●●

Der Reiter nimmt an, was das Gangpferd ihm in diesem Stadium anbietet. Meist töltet es an und sucht dann nach einer gewissen Strecke wieder den Trab. Tolerieren Sie das gelassen. Beim hartnäckigen Viergänger werden Sie in der Dehnungshaltung womöglich zu wenig laterale Bewegung erreichen. Dann ist das Tölten erst in einem späteren Stadium der Ausbildung sinnvoll.

Je gleichmäßiger der Reiter in die Dehnung zulegen kann, desto besser wird der Fluss der Bewegung – egal ob eher passiger Tölt oder gelaufener Trab entsteht.

SO SIEHT DIE ÜBUNG AUS

Streng genommen kann der Reiter in diesem Stadium der Ausbildung keinen korrekten, reinen Takt bewirken. Dazu müsste er Stellung und Biegung durchsetzen können. Mit der diagonalen Einwirkung kann er aber die in der vorigen Übung beschriebene Lateralisierung erreichen und zumindest das fünfgängig veranlagte Pferd in Richtung (passigen) „Tölt" verschieben.

Trotzdem sollte das Pferd immer in Richtung Trab denken und laufen dürfen, ohne Angst vor einer strengen Korrektur des Reiters haben zu müssen. So lässt sich verhindern, dass (angst)steifer Schweinepass entsteht, der nur schwer zu korrigieren ist. Im Zweifelsfall erzeugt der Reiter lieber gelaufenen Trab, der bequem zu sitzen ist. Wird der Trab unbequem, pariert der Reiter und beginnt von vorne.

Sie werden spüren, dass das gerade gerittene und in Dehnungshaltung gehende Pferd im Trab bequem ist. Wird es unbequem,
ist das Tempo zu hoch und die Dehnung verloren gegangen. Das
Pferd geht Kreuztrab. Lassen Sie sich viel Zeit. Entscheidend
für den Erfolg ist, dass im Schnellerwerden die Orientierung des
Pferdes nicht verloren geht und die Streckung erhalten bleibt.
„Rettet" sich das Pferd mit einem Sprung in den Trab oder kommt
mit Kopf und Hals nach oben, hat der Reiter es überfordert.

Der Reiter muss in diesem Stadium auf Tempo nicht verzichten. Entscheidend ist,
dass er so dosiert treibt, dass der Rücken sich nicht plötzlich verändert.

HINTERGRUND

Jeder Reiter muss für sich und
sein Pferd entscheiden, wann
der richtige Zeitpunkt gekommen ist, um mit dem Tölt anzu-
fangen.

Nutzt er das natürliche Tölt-
Talent des gerade gerittenen
Pferdes und „riskiert", dass
es zwar bequem, aber mit noch
nicht optimal aufgewölbtem
Rücken geht?

Oder arbeitet er sein Pferd so
lange im Trab, bis es in Stellung und Biegung korrekt an
den Hilfen steht, und überträgt
das dann in den Tölt?

Beide Varianten haben ihre
Vor- und Nachteile. Den Königs-
weg gibt es nicht.

Am wenigsten Wahlfreiheit hat
in der Regel der Reiter, dessen
Pferd ganz klar viergängig und
dabei sehr steif in Richtung
Trab ist. Diese Pferde schieben
von Natur aus mit der Hinterhand so wenig, dass der Reiter
schon sehr genau einwirken
muss, wenn er ein Schnellerwerden über den Rennschritt
und später Tölt in Dehnungshaltung erreichen will. Manchmal ist es mit solchen Pferden
deshalb sinnvoller, mit dem
Übergang zum Tölt zu warten,
bis Stellung und Biegung sicher
und korrekt geritten werden
können.

Ins Gelände ●●●

Die meisten Reiter, die sich ein Islandpferd aussuchen, gehen am liebsten ins Gelände. Sie reiten gerne in der Gruppe und sie wissen, dass das auch ihren Pferden großen Spaß macht. Vielen Islandpferden ist die Unlust schnell anzusehen, wenn sie allzu lange in der Reitbahn gearbeitet werden. Deshalb ist es kein Fehler, sich früh ins Gelände zu wagen.

Für ein Pferd, das zum Pass neigt, ist es gut, wenn es im Tölt auch mal seinen Weg suchen muss.

HINTERGRUND

Es hat sich bewährt, schon in einem frühen Stadium der Ausbildung täglich zwischen der Arbeit in der Bahn und einem Ausritt ins Gelände abzuwechseln, da Erfahrungen und auch Fortschritte sich gegenseitig befruchten. Es motiviert das Pferd, in einem abwechslungsreichen Umfeld vorwärtsgehen zu dürfen.

Zunächst ist es besser, alleine auszureiten – vorausgesetzt, das Pferd hat keine Probleme damit. Dann können Sie sich alle Zeit der Welt nehmen, das Zusammenspiel der Hilfen auszuprobieren und zu verfeinern. Der Reiter wählt zunächst Wegstrecken aus, die das Pferd bereits kennt, weil es sie an der Seite eines erfahrenen Pferdes schon mehrmals gegangen ist. Das macht es ihm leichter, sich auf den Reiter zu konzentrieren und ganz vertrauensvoll die Dehnungshaltung zu suchen.

Für die Psyche junger Pferde ist es von Vorteil, die Welt an der Seite eines erfahrenen Reitpferdes zu erleben.

SO SIEHT DIE ÜBUNG AUS

Im Gelände setzt der Reiter um, was in der Bahn schon erarbeitet wurde, immer mit der gleichen Geduld und Konsequenz:

- das Anhalten aus dem Schritt an einem Zügel;
- das gelassene, unbedingte Stehenbleiben – beim Aufsitzen, aber auch mitten auf einem (Heim)Weg;
- das Geradereiten in einer möglichst gedehnten Haltung;
- das Spiel mit den Gangarten in gedehnter Haltung. Das Tempo sollte dabei so gewählt werden, dass das Pferd immer bequem zu sitzen ist und gelassen bleiben kann.

Der Reiter kann jetzt (zumindest wo es erlaubt ist) auch „unwegsames" Gelände nutzen – ausgewiesene Wiesenwege zum Beispiel.

Tipp

Wählen Sie die Wegstrecken passend zum Talent des Pferdes. Eher übereifrige Pferde reiten Sie zunächst bergauf, bis sie sich gelassen im Schritt strecken können. Für Pferde, die sich leicht zum Pass verschieben lassen, sind ebene Wege fürs Schnellerreiten besser geeignet, aber auch Strecken, die ein wenig bergauf gehen. Dort finden diese Pferde leichter den Trab als bergab. Wird es zu steil, beginnen sie aber in der Hinterhand zu springen. Dagegen ist es für Pferde, die viel Trab haben, vorteilhaft, wenn es wenig bergab geht. Ihnen fällt so die laterale Verschiebung leichter und sie finden eher den Tölt.

Galopp ●●○

Galopp ist in jedem Trainingsstadium eine wichtige Gangart.
Im Galopp atmet das Pferd rhythmisch mit der Bewegung ein
und aus. In dieser Gangart kann der Reiter auch im frühen
Ausbildungsstadium die Schiefe seines Pferdes beeinflussen,
denn er kann sich sicher sein, welches Hinterbein das Pferd
als inneres benutzt. Außerdem erzeugt Galopp immer eine
Bergaufbewegung im Pferdekörper.

SO SIEHT DIE ÜBUNG AUS
Im Gelände
Besonders im Gelände, aber
je nach Talent auch in der
Bahn, können Sie den Galopp
in das Spiel der Gänge mit ein-
bauen. In dieser Ausbildungsstufe kann die Galopphand
noch nicht sicher bestimmt
werden, weshalb ein „falsches"
(weil anders als geplantes)
Angaloppieren auch durchaus
zulässig ist.
Erwünscht ist eher ruhiger,
rhythmischer Galopp, aus dem
sich das Pferd wieder zum Trab
oder Tölt zurücknehmen lässt,
um daraus wieder anzugalop-
pieren. Mit dieser Anforderung
und einer gelassenen, diagonalen Einwirkung können Sie sich
Vertrauen beim Pferd erarbeiten. Das Pferd lernt, sich auch
im Galopp treiben zu lassen,
ohne zu rennen.
Idealerweise wählt man im
Gelände anfangs Wegstrecken,

Galopp ist immer ein Spiel zwischen Tempo und Kontrolle.

die längere Zeit geradeaus und leicht bergauf gehen. Auf diesen kann der Reiter mehrmals hintereinander aus dem Tölt wieder angaloppieren. Schnelle kurze Galoppreprisen sind vor allem bei stark passigen Pferden sinnvoller, als sie über eine längere Strecke vorwärtszutreiben, was vermutlich im unerwünscht flachen Passgalopp enden und die Pferde noch mehr auf die Vorhand bringen würde.

In der Bahn

Auch in der Bahn kann der Reiter immer wieder ein paar Galoppsprünge in seine Arbeit einflechten. Entscheidend ist nicht, dass das Pferd lang am Stück galoppiert, sondern dass es in Ruhe den Gang findet und sich – ehe Balanceprobleme auftauchen – wieder in den Tölt oder Trab zurücknehmen lässt. Dabei muss der Reiter im Umstellen weitertreiben können, damit die Schulter des Pferdes oben bleibt.
Wirkt die Hand rückwärts (mit dem Gedanken langsamer zu werden), kommt das Pferd auf die Vorhand und der Rücken in eine falsche Position (Katzbuckel). Das wäre kontraproduktiv. Die richtige Parade geht deshalb über längere Zeit und

Im Galopp darf das Pferd über kurze Strecken gerne auch mal ans Limit geritten werden.

gleicht einem Spiel zwischen Treiben und kurzem Aufnehmen. Sie ist obendrein in der Bahn, wo sich das Pferd eher treiben lässt, viel einfacher als auf einer freien Strecke, wo das Pferd Lust zum Rennen hat.

Bitte beachten

Ist ein Pferd stark fünfgangveranlagt, braucht es viel Ausbildung, bis es in der Bahn galoppieren kann. Ein Türöffner zu diesem Gang ist bei solchen Pferden das Bergauf-Reiten im Gelände. Dabei können sie den Galopp finden. Kontraproduktiv sind dagegen harter Boden und enge Kurven.

Sicher werden im Gelände ●●○

Das Islandpferd ist geländegängig und die Pferde fühlen sich in der Gruppe wohl. Dies sind auch die Eigenschaften, die diese Rasse bekannt und so beliebt machten. Das Ausreiten macht großen Spaß – besonders im Tölt. Für Pferde mit ausreichender Töltveranlagung ist es jetzt an der Zeit, sich mit allerlei Übungen darauf vorzubereiten.

VORAUSSETZUNG

Das Pferd hat die diagonale Einwirkung verstanden und lässt sich gerade geritten überallhin dirigieren. Es darf in gedehnter Haltung gehen und wird in eher ruhigem Tempo geritten.

SO SIEHT DIE ÜBUNG AUS

Wichtig ist jetzt, als Team im Gelände alles kennenzulernen, weshalb der Reiter so viel wie möglich mit dem Pferd unternimmt. Er übt bergauf und bergab reiten, über Brücken gehen oder an Straßen entlang, durchs Wasser und, und, und. Der Fantasie sind keine Grenzen gesetzt, der überlegten Planung allerdings auch nicht. Vorhersehbare Schwierigkeiten zum Beispiel lassen sich am leichtesten meistern, wenn man sich einen Begleiter mit einem erfahrenen Pferd sucht. Was der alte Hase gelassen vormacht, wird der junge Hüp-

Im Gelände gibt es oft Situationen, die ein Pferd „guckig" sein lassen. Dann sollte der Reiter gelassen bleiben, aber entschlossen vorwärtsreiten.

fer in der Regel nachmachen und als ungefährlich abhaken. Wenig sinnvoll ist es, mehrere Jungpferde gleichzeitig mitzunehmen, denn Unsicherheit wirkt ansteckend.

Der Reiter sollte sich und sein junges Pferd auch nicht unter Druck setzen und immer genügend Zeit einplanen, wenn er sich eine Herausforderung vorgenommen hat. Es spielt überhaupt keine Rolle, wenn der erste Schritt ins Wasser eine halbe Stunde dauert und das Pferd sich die gefährliche Substanz vorher ausgiebig anschaut. Eile und hektisches Treiben mindern dagegen das Selbstvertrauen.

Der Reiter sollte in diesem Stadium tendenziell auch immer längere Ausritte unternehmen, damit das junge Pferd ausgelastet ist. Erleichtert wird er feststellen, dass das Pferd, wenn es die Dehnungshaltung gelernt hat und damit seinem Reiter vertraut, auch in schwierigen Fällen kooperativ ist.

1 Klettern im Gelände kräftigt die Muskulatur des Pferdes und lässt das Vertrauen zwischen Pferd und Reiter wachsen.

2 Bergabreiten ist die einfachste Form, die Hankenbeugung zu erreichen und zu schulen.

Der geschlossene Sitz

Der lange Rückenmuskel des Pferdes sollte in diesem eher frühen Stadium des Miteinanders von Reiter und Pferd nicht mit dem Reitergewicht belastet werden. Das Pferd ist noch nicht in der Lage, den Rücken optimal aufzuwölben und damit den Reiter schmerzfrei zu tragen. Abhilfe schafft der geschlossene Sitz.

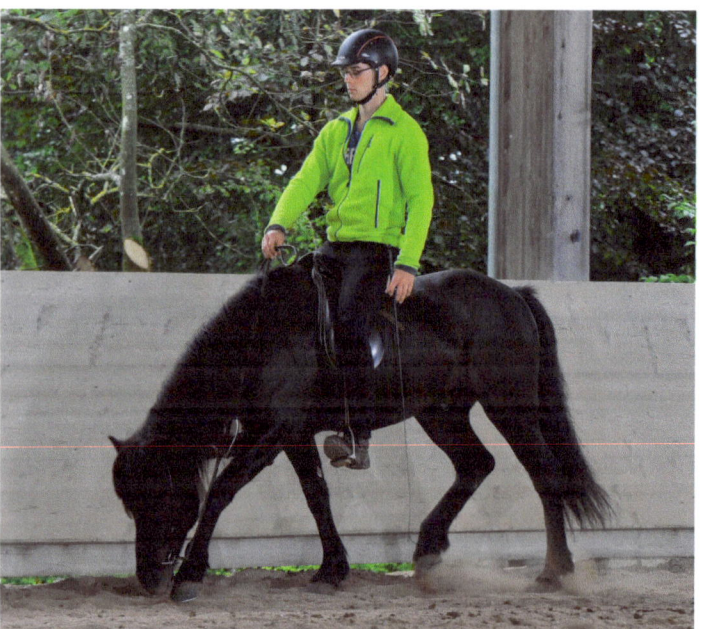

Sucht das Pferd stark nach unten, hält der Reiter sein Gewicht vermehrt auf Knie und Oberschenkel. Je tiefer das Pferd sich dehnen darf, desto bequemer ist es.

SO SIEHT DIE ÜBUNG AUS

Im geschlossenen Sitz beugt der Reiter – anders als im leichten Sitz – den Oberkörper nicht nach vorne. So belastet er die Vorhand nicht noch zusätzlich. Im leichten Sitz hätte ein in ungezwungener Dehnungshaltung gehendes Pferd, wenn es stolpert, keine Möglichkeit mehr, sich und den Reiter auszubalancieren.

Tipp

Der geschlossene Sitz und die Arbeit in Richtung Dehnungshaltung führen irgendwann unweigerlich dazu, dass der Reiter sich längere Zügel wünscht, am besten in Glattleder, damit sie schnell durchgleiten, wenn das Pferd sich nach unten streckt, und ebenso schnell wieder nachgefasst werden können. Bewährt haben sich Zügel von 2,70 Meter Länge oder sogar noch etwas mehr. Was für ihn ideal ist, muss der Reiter selbst ausprobieren.

Der Reiter sollte nicht entlasten, wenn ein Pferd im Tölt noch nicht in die Tiefe sucht, sonst kommt es im Rücken hoch.

Gut zu sehen: Bei starker Dehnung richtet sich das Pferd von allein gerade.

Zur entspannten Dehnungshaltung gehört daher der geschlossene Sitz. Der Reiter spannt Knie und Oberschenkel an und bleibt aufrecht sitzen. Die Unterschenkel liegen entspannt am Pferd und werden nicht eingesetzt. Die Gesäßknochen des Reiters berühren den Sattel nur leicht. Der Reiter lässt sich von der Bewegung mitnehmen, verstärkt diese aber nicht bewusst.

Der Reiter wählt nur dann den kurzen Bügel und reitet mit vorgeneigtem Oberkörper, wenn das Pferd zu stark wirft.

Auch im geschlossenen Sitz achtet der Reiter bereits auf den korrekten Drehsitz – er dreht seine Schultern parallel zu den Schultern des Pferdes und seine Hüfte parallel zur Hüfte des Pferdes. Allerdings ist der Sitz in diesem Stadium eher passiv und gleichmäßig und muss deshalb nicht so exakt sein wie später, wenn es um Stellung und Biegung und besonders um die Rotation des Brustkorbs geht.

DAS ZIEL

Ziel des geschlossenen Sitzes ist es, das Reitergewicht nicht auf dem Gesäß ruhen zu lassen, sondern vermehrt mit dem Oberschenkel und dem Knie abzufangen. Auf diese Weise wird der Rückenmuskel des Pferdes entlastet und das Gewicht eher auf die Rippenbogen verteilt.

Der Reiter nimmt dabei zunächst in Kauf, dass der Rumpf zwischen die Schulterblätter des Pferdes sinken kann.

Stellung und Biegung

In allen Gängen Stellung und Biegung korrekt zu erreiten, sollte für jeden das Ziel sein, der sein Reitpferd gesund erhalten will. Klar ist: Pferde können auch ohne korrekte Stellung und Biegung geritten werden, auch wenn ihnen das auf Dauer schadet. Klar ist aber auch: Sie erreichen ohne korrekte Stellung und Biegung niemals eine echte Versammlung und ausdrucksvolle Harmonie.

ARBEIT, DIE BEREICHERT

Begonnen wird die Arbeit an der korrekten Stellung und Biegung idealerweise am gerade gerittenen Pferd, wenn das zwanglose Nach-unten-Suchen in die Dehnung als Grundlage erarbeitet ist, kann der Reiter immer darauf zurückgreifen. Verzichtet er auf die Übungen des Geraderreitens als Basis, muss er ein entsprechend höheres Können mitbringen. Er sollte sehr viel Erfahrung haben und aus der Arbeit mit anderen Pferden wissen, wie sich ein zwanglos töltendes Pferd anfühlt und wie man es ausbildet.

Wir empfehlen, die Übungen des ersten Kapitels wenigstens kurz abzuprüfen. Dann wird schnell klar, ob das Pferd die notwendigen Grundlagen schon verstanden hat. Wer die Übungen dieses zweiten Kapi-

tels mit seinem Pferd erarbeitet hat, wird erkennen, dass zwischen einem nach innen gezogenen Hals und einer korrekten Stellung und Biegung Welten liegen.

Und er erlebt, dass es auch bei begabten Reitern und Pferden Jahre dauert, bis Stellung und Biegung korrekt erarbeitet sind. Dies sind wohlgemerkt Jahre, die kein Reiter, der sich auf diesen Weg macht, als verschenkte Jahre empfindet. Jedes einzelne wird das Reiterleben bereichern.

Die Erfahrung zeigt: Wer auf dem Weg ist und die Schritte bis zum Ziel kennt, der genießt die Arbeit dorthin. Viele der Zwischenstufen fühlen sich besser an als alles, was man vorher hatte. Jeder Schritt, jedes erreichte Teilziel ist eine neue Motivation für die gemeinsame Arbeit.

An der Hand mit Kappzaum und Gerte lernt das Pferd, sich zu biegen.

Hat der Reiter Stellung und Biegung erarbeitet, kann er die Hinterhand seines Pferdes nach Belieben unter den Schwerpunkt bringen. Es kann im Verhältnis dazu dann den Brustkorb anheben, wird leicht in der Hand und frei in der Bewegung.

Genick und Hüfte ●●

Biomechanisch gesehen besteht ein Zusammenhang zwischen Genick und Hüfte des Pferdes. Ist ein Pferd im Genick nach links gestellt, kommt es automatisch mit der linken Hüfte nach vorne, ist es rechts gestellt, bewegt sich die rechte Hüfte vor. Es hilft dem Ausbilder enorm, dieses Zusammenspiel vom Boden aus zu erkennen und zu erarbeiten.

Der Nasenrücken ist fixiert. Nun prüft der Ausbilder, wo in der Wirbelsäule die Widerstände liegen.

SO SIEHT DIE ÜBUNG AUS

Bewegen Sie Hals und Kopf des Pferdes nach rechts und links. Sie werden erkennen, dass sich die Hüfte auf der jeweils gleichen Seite mitbewegt. Das zeigt, dass es biomechanisch einen direkten Zusammenhang zwischen Genick und Hüfte gibt, und es zeigt auch, dass das Pferd in diesem Moment losgelassen ist.

Fassen Sie nun mit einer Hand den Nasenrücken des Pferdes und stellen es im Genick so, dass die äußere Oberlinie sich aufdehnt. Ist die Stellung korrekt, senkt sich die innere Hüfte nach vorn ab.

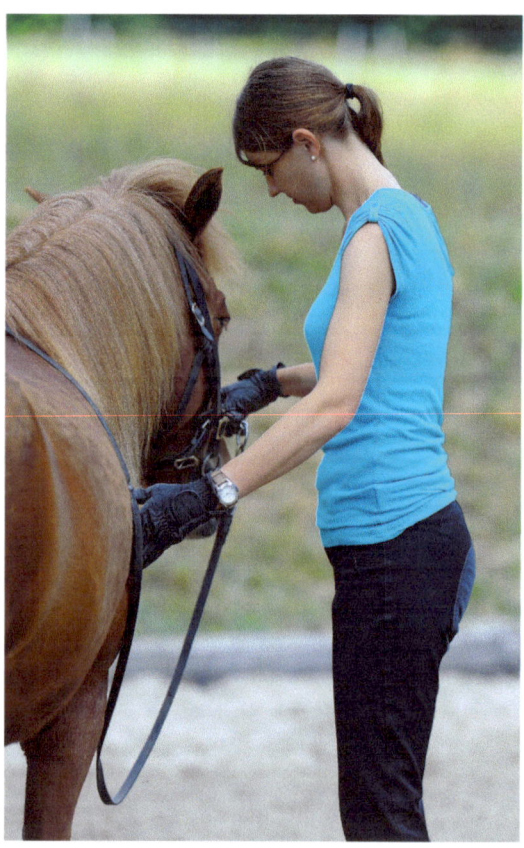

Es ist gut, wenn der Ausbilder anatomische Kenntnisse hat und zum Beispiel weiß, wie die Wirbelsäule verläuft.

Es ist wichtig, dass das Pferd sich überall anfassen lässt, auch am Kopf.

Zeigen sich dabei Widerstände im Körper, erfolgt also das Absenken der inneren Hüfte nicht spielerisch, können Sie vom Boden aus ordnend eingreifen, und zwar exakt dort, wo auch der Reiter einwirken würde: am Widerrist, in der Oberschenkel- und in der Unterschenkellage. Dazu ist es hilfreich, wenn der Ausbilder die Anatomie seines Pferdes kennt. Beste Ergebniskontrolle: Sind Genick und Hüfte richtig platziert, senkt das Pferd den Kopf und schnaubt ab.

Schon jetzt, im Stehen, ist die unterschiedliche Einwirkung offensichtlich, mit der der Ausbilder die Schiefe seines Pferdes berücksichtigt.
Auf der falschhohlen Seite bewirkt die Berührung im Bereich des Sattels hinten-innen (Oberschenkellage) die gewünschte Reaktion.
Auf der hohlen Seite zeigt die Berührung, die die Wirbelsäule ordnet, im vorderen unteren Teil des Brustkorbs (Knielage) die größte positive Wirkung.

Die natürliche Schiefe ●●●

Hier machen wir eine gedankliche Übung, aus der aber eine Schulung des Reitergefühls folgt: Der Reiter muss die natürliche Schiefe des Pferdes in die Ausbildung miteinbeziehen. Das lohnt sich nicht nur, weil jeder Fortschritt sich dann gut und richtig anfühlt. Es ist auch unerlässlich, wenn das Pferd mit schwingendem Rücken gehen und sich versammeln lassen soll.

Senkt das Pferd die Kruppe innen nicht ab, knickt der Reiter in der inneren Hüfte ein. Das Gewicht hängt außen, die Rotation ist falsch.

SO SIEHT DIE ÜBUNG AUS

Zunächst gilt es, die natürliche Schiefe des Pferdes richtig zu erkennen. Ein Hinweis ist der Mähnenfall: Zu 90 Prozent fällt die Mähne des Pferdes auf die hohle Seite. Aufschlussreich ist es auch, hinter dem Pferd herzugehen. Auf der hohlen Seite senkt es beim Gehen die Hüfte im Rhythmus der Bewegung tiefer ab. Auf der falschhohlen Seite bleibt die Hüfte immer höher. Der Reiter spürt, dass er auf der hohlen Seite im vorderen Teil des Sattels problemlos tief sitzen kann. Er hat aber Mühe, mit Knie und Unterschenkel den Brustkrob nach außen zu platzieren. Auf der falschhohlen Seite lässt ihn das Pferd besonders im hinteren Teil des Sattels nicht tief sitzen.

Warum das so ist, können Sie sich vorstellen, wenn Sie den Brustkorb des Pferdes gedanklich als übereinanderliegende, rechteckige Ebenen betrachten.

Ist die hohle Seite innen, ist die untere Ebene zu weit nach innen versetzt. Der Reiter muss also den unteren Brustkorb mehr nach außen schieben (rotieren), damit das innere Hinterbein genügend Platz zum Vorgriff hat. Die Einwirkung erfolgt mit dem Knie und dem eher vorgestreckten Unterschenkel (bei tiefem Absatz) und/oder der Gerte rhythmisch bei jedem Schritt des Pferdes.

Schwieriger: Auf der falschhohlen Seite senkt sich der Brustkorb zu wenig ab. Der Reiter fängt dies auf, indem er bewusst mit der Hüfte außen einknickt.

Korrekt senkt sich die Kruppe innen ab. Der Reiter kann mit der inneren Hüfte folgen. Das Gewicht ist innen. Jetzt wirkt auch der Knick in der äußeren Hüfte harmonisch.

Ist die falschhohle Seite innen, sind die übereinanderliegenden, rechteckigen Ebenen genau andersherum verschoben: Die obere Ebene ist zu weit innen. Der Brustkorb schwingt weit hoch, die Hüfte senkt sich nicht ab. Um gefühlt gerade zu sitzen, knickt der Reiter in der Regel innen in der Hüfte ein. Dadurch verlagert er das Gewicht nach außen.

Beheben lässt sich das Problem mit einer verbesserten Rotation des Brustkorbs. Diese erreicht der Reiter, wenn er auf der inneren Seite bei jedem Schritt rhythmisch mit dem Oberschenkel die Vorwärtsbewegung verstärkt. Richtig ist eher ein Knick in der äußeren Hüfte, damit das Reitergewicht innen bleibt. Gleichzeitig nimmt der Reiter die äußere Schulter vor.

Stellung und Biegung erkennen ●●●

Je nach Vorkenntnissen gibt es unterschiedliche Vorstellungen von Stellung und Biegung. Daher ist es für viele Betrachter gar nicht so einfach, zu beurteilen, ob die Anforderungen erfüllt sind. Woran also erkennt man eine korrekte Stellung und Biegung?

SO SIEHT DIE ÜBUNG AUS

Nehmen Sie sich immer Zeit, um Ihr Pferd genau zu beobachten. Das können Sie als Reiter tun, aber auch als Ausbilder, am Boden und unter dem Sattel.

Kennzeichen für ein korrekt gestelltes Pferd:

- Das äußere Ohr zeigt entspannt nach vorne.
- Das Pferd sucht die Dehnung und schnaubt ab.
- Der Kiefer ist frei beweglich, wobei das Pferd den Unterkiefer leicht nach außen schiebt.
- Im hinteren Teil des inneren Auges ist nie Weiß zu erkennen, weil sich das Pferd nach innen orientiert.
- Das Pferd sucht so weit abwärts, wie es der Reiter zulässt (es würde im Zweifel die vorgestreckte Nase ganz an den Boden nehmen – und tut das auch, wenn der Reiter es auslöst).
- Ohne Reiter fällt der Sattel in der Biegung nach innen.

Beobachten Sie das Maul: Der Unterkiefer signalisiert deutlich, ob ein Pferd losgelassen ist. Das korrekt gestellte Pferd kaut bei einer treibenden Hilfe. Ohne Sperrhalfter darf das Pferd als Reaktion auf eine Einwirkung den Kiefer öffnen (und direkt wieder schließen).

Es ist schwer zu trennen, wann aus Stellung Biegung wird. Die Biegung zeigt dem Reiter aber deutlich, wenn in der (geringeren) Stellung noch Probleme sind, weil die (stärkere) Biegung einen Fehler in der Stellung dann noch verstärkt.

Das Pferd sucht so weit abwärts, wie der Reiter es zulässt. Das innere Hinterbein tritt mehr und mehr an den gemeinsamen Schwerpunkt heran.

Auf der falschhohlen Seite drängt das Pferd gerne nach außen über die Schulter weg. Der äußere Zügel fängt den Widerrist ein.

Hier gut zu sehen: Das äußere Ohr des Pferdes zeigt nach vorne, wenn die Stellung korrekt ist. Das innere Ohr hört auf den Reiter.

Tipp

Korrekte Stellung und Biegung führen immer dazu, dass das Pferd vorwärts-abwärts sucht. Deshalb sind Hilfszügel vollkommen überflüssig. Sie zeigen dem Pferd auch nicht den Weg in die Tiefe – den findet es nämlich sofort von selbst, wenn es nicht zu einer unnatürlichen Körperhaltung gezwungen wird. Hilfszügel zeigen dem Pferd höchstens den (Irr) Weg hinter die Hand und verlängern damit die korrekte Ausbildung erheblich, weil das Pferd sich nicht mehr in die Dehnung traut.

Da das Pferd in dieser Phase noch nicht über den Rücken geht, ist der Reiter im geschlossenen Sitz auf dem Oberschenkel. Hier könnte der Oberkörper aufrechter sein.

Das innere Hinterbein motivieren ●●○

Gehen Stellung und Biegung „durch", ist das Pferd in der Wirbel-reihe also harmonisch von der Hinterhand bis ins Genick geordnet, dann wird es an der Longe tendenziell den Kreisbogen immer kleiner machen. Korrekte Stellung und Biegung setzen voraus, dass das innere Hinterbein auch wirklich als inneres arbeitet, das Pferd also die innere Hüfte vornimmt und absenkt.

Der Ausbilder muss sehr gut beobachten und mit der Gerte sehr flexibel touchieren, bis er erreicht, dass die Wirbelsäule geordnet ist und der Sattel nach innen fällt.

SO SIEHT DIE ÜBUNG AUS

Das Verstehen und korrekte Erarbeiten beginnt wieder am Boden.

Der Ausbilder kann sich diese Mehrleistung des inneren Hinterbeins ab dem Zeitpunkt erarbeiten, an dem das gerade gerittene Pferd die von außen treibenden Hilfen verstanden hat und an der Longe nicht mehr nach außen zieht.

Nun motiviert er das innere Hinterbein im Rhythmus der Bewegung – wobei er sich auch hier das Wissen um die natürliche Schiefe zunutze macht. Mit treibenden Hilfen ordnet der Ausbilder dabei den Körper des Pferdes so, dass das Hinterbein richtig fußt und auch immer Platz hat.

- Auf der falschhohlen Seite „schiebt" der Ausbilder also die obere Brustkorbebene nach außen.
- Auf der hohlen Seite muss die untere Ebene mehr nach außen platziert werden.

Nun ist es zugegebenermaßen nicht ganz einfach, beim Longieren oder der Bodenarbeit zu erkennen, ob Stellung und Biegung des Pferdes korrekt sind. Immerhin ist der Ausbilder selbst auch als „Läufer" sowohl vorwärts als auch rückwärts (siehe Übung 23 und 24) gefordert.

Hier hilft ein simpler Tipp: Wer sich beim Blick auf die Hüfte nicht sicher ist, kann das Pferd für die Bodenarbeit satteln.

So ist es leicht zu sehen: Fällt der Sattel in der Bewegung auf dem Kreisbogen nach innen, ist der Ausbilder auf dem richtigen Weg. Hängt der Sattel nach außen, ist die innere Hüfte des Pferdes zu hoch. Der Ausbilder muss mit seiner Einwirkung entsprechend gegensteuern und testen, wann der Einsatz der treibenden Hilfe das Nach-innen-Fallen des Sattels bewirkt.

Übrigens: Immer, wenn das Pferd als Reaktion auf eine treibende Hilfe nach unten sucht, stimmt sowieso schon ziemlich viel.
Dieses Nach-unten-Suchen zeigt dem Ausbilder, dass seine Einwirkung richtig ist. Inwieweit er das Tiefergehen zulässt, hängt vom Stadium der Ausbildung ab. Anfangs darf das Pferd die Nase gerne auch mal bis an den Boden nehmen.

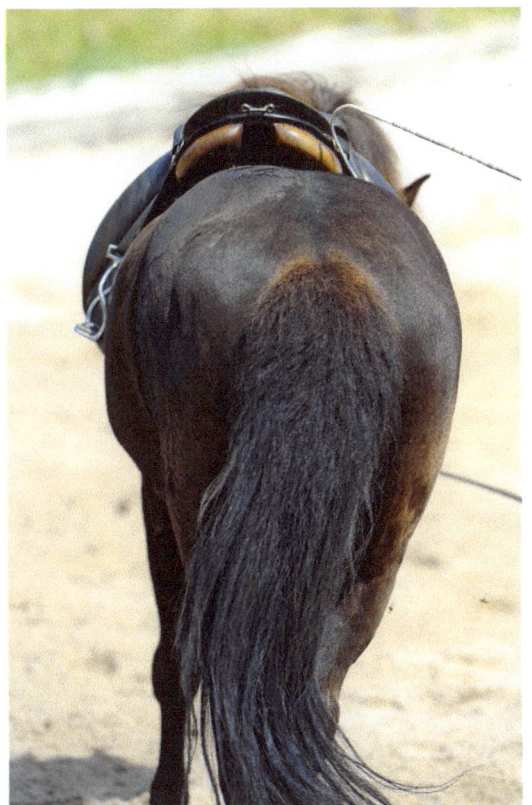

Hier hat der Sattel zwar die richtige Tendenz, der Brustkorb muss aber noch mehr nach innen rotieren, bis der Sattel zur inneren Seite fällt.

Der Hals ist überbogen. Das Pferd fällt über die Schulter aus. Der Brustkorb rotiert falsch und der Sattel fällt zur äußeren Seite.

Fortgeschrittener Gerteneinsatz ●●●

Je weiter das Pferd in der Ausbildung fortgeschritten ist, desto wichtiger ist es, die Gerte als Kommunikationsmittel zu verstehen. Sie ist für weit mehr verantwortlich als nur dafür, dass das Pferd vorwärtsgeht. Und sie lässt sich als Kommunkationsmittel auch noch längere Zeit durch nichts ersetzen.

SO SIEHT DIE ÜBUNG AUS

Treiben mit der Gerte hat in unserem Verständnis nichts damit zu tun, dass das Pferd zum Vorwärtslaufen oder -rennen angehalten wird. Treiben ist vielmehr ein Touchieren mit der Gerte. Dieses Touchieren ordnet im Pferdekörper etwas. Ziel ist die flüssige Bewegung aus der gleichmäßig fußenden Hinterhand. Die Gerte kann dem Pferd also zum Beispiel signalisieren, dass es den Widerrist mehr nach außen verschieben soll oder eher nach innen. Der punktgenaue Einsatz der Gerte kann bedeuten, dass der innere Brustkorb angehoben werden soll oder die Hinterhand weiter innen oder weiter außen fußt. Wichtig ist, die Wirkung des Gerteneinsatzes genau zu beobachten. Je korrekter Sie vom Boden, aber auch später als Reiter, mit der Gerte einwirken, desto leichter

Mit dieser Art der Gerteneinwirkung gibt der Ausbilder vom Boden die Signale, die später der äußere Zügel übernimmt.

Tipp

Der Ausbilder experimentiert bei seiner Gerteneinwirkung mit einem Spiel aus Nichtreaktion und Überreaktion. Dabei gilt es, die Mitte zu finden. Es nützt nichts, mehrmals in derselben Stärke zu touchieren, wenn das Pferd nicht reagiert. Es ist aber auch schädlich, dauerhaft Überreaktionen zu erzeugen.

ist es für das Pferd, die Hinweise zu verstehen und auszuführen. Die Stärke des Gerteneinsatzes folgt immer dem Motto: So wenig wie möglich, so viel wie nötig. Deshalb ist es wichtig, die Reaktion auf eine Gertenaktion zu erkennen, ernst zu nehmen, gegebenenfalls mit der Stimme zu unterstützen und mit einem Lob oder einem tadelnden Nein zu kommentieren.

Das Pferd lernt hier durch den Gerteneinsatz im Stand, das innere Hinterbein unterzusetzen.

Die Gerte kann auch die Vorhand beeinflussen und so im Prinzip die Einwirkung des Zügels an der Schulter verstärken.

Erreichen lässt sich damit viel und meist wird, bei richtiger Einwirkung, das Touchieren signifikant weniger.

Es gibt Ausbilder, deren Pferde diese Hilfengebung so gut verstanden und verinnerlicht haben, dass allein der Blick an die Stelle, die touchiert werden soll, genügt. Das Pferd denkt buchstäblich mit und reagiert ohne Einsatz weiterer Hilfen wie gewünscht, weil es sich bei der Arbeit wohlfühlt. Das geht schließlich so weit, dass ein Zeigen mit dem Finger dem Pferd die entsprechende Hilfe gibt, auf die es gerne reagiert, weil es sich im Körper ja nicht überfordern muss.

Schulter- und Kruppeherein ●●●

Schulterherein und Kruppeherein sind keine Übungen, für die es eine immer gleiche Hilfenkombination gibt. Diese beiden wichtigen Lektionen, mit denen der Reiter die Hinterbeine seines Pferdes zum Schwerpunkt arbeiten kann, sind vielmehr ein anhaltender Balanceakt. Wieder beginnt die Arbeit am Boden.

Wichtig ist in der Arbeit am Schulterherein die Körperposition des Ausbilders. Er läuft vorwärts und dreht seine Schultern so, wie auch das Pferd sie positionieren soll. Die äußere Schulter muss nach vorne.

SO SIEHT DIE ÜBUNG AUS

Das Pferd muss bei jedem Schritt in der richtigen Rotation des Brustkorbs unterstützt und dabei mal mehr, mal weniger von außen oder innen getrieben werden. Es muss sich versal und traversal führen lassen. Zunächst macht sich der Reiter idealerweise vom Boden aus mit diesem „Spiel" vertraut. Beim versalen Führen, das das Schulterherein vorbereitet, geht der Ausbilder neben dem Pferd, wobei er seine Schultern so platziert, wie auch das Pferd sie stellen soll. Am inneren Zügel gibt er Paraden, das innere Hinterbein wird mit der Gerte oder der Stimme zum vermehrten Vortreten unter den Schwerpunkt motiviert. Beide Hilfen – Parade und Treiben – wechseln sich ab.

Ziel des versalen Führens ist es, dass bei abgesenkter innerer Hüfte das innere Vorderbein des Pferdes über das äußere tritt.

Beim traversalen Führen, das in Richtung Kruppeherein ausbildet, ist es umgekehrt. Hier geht der Ausbilder – ebenfalls mit entsprechend gedrehter Schulter – vor dem Pferd. Mit Paraden am inneren Zügel und dem rhythmischen Treiben im Takt des Hinterbeins versucht er zu erreichen, dass die beiden äußeren Beine des Pferdes über die inneren nach vorne treten, wobei auch hier die innere Hüfte des Pferdes tiefer abgesenkt sein muss.

HINTERGRUND

Schulterherein und Kruppeherein haben wir an dieser Stelle bewusst nicht als Lektionen getrennt.
Der Ausbilder am Boden und der Reiter sollen sie nicht als „Kunststücke" einüben, sondern sie gezielt als Mittel verwenden, um die Hinterhand des Pferdes zum Schwerpunkt hin zu arbeiten.
Das soll so geschehen, dass im Schulterherein das innere Hinterbein versal (mit den inneren, treibenden Hilfen) zur vermehrten Gewichtsaufnahme motiviert wird. Das äußere Hinterbein wird dann im Kruppeherein mit den traversalen (äußeren, treibenden) Hilfen „dazugefügt".

Bei der Arbeit am Kruppeherein dreht der Ausbilder seine innere Schulter zum Pferd und läuft rückwärts. Dabei holt er mit der Gerte das äußere Hinterbein zum Schwerpunkt.

Tipp

Das Übertreten oder Kreuzen der Beine muss zum Grad der Biegung passen. Denn anders als manche glauben, ist es nicht so, dass sich mit mehr Abstellung mehr erreichen lässt. Im Gegenteil: Zu viel Abstellung kann dazu führen, dass das Pferd beim versalen Führen ins Schenkelweichen übergeht und das innere Hinterbein sich damit der Gewichtsübernahme entzieht. Zu viel Abstellung beim traversalen Führen birgt die Gefahr, dass das Pferd die Hinterhand nach innen wirft, wo sie sich ebenfalls der Gewichtsübernahme entzieht.

Versal, traversal und natürliche Schiefe ●●●

Die natürliche Schiefe des Pferdes spielt besonders bei der Arbeit in Richtung Schulterherein und Kruppeherein eine große Rolle. Diese Schiefe kann so stark sein, dass der Grundsatz, ein Pferd immer auf beiden Händen gleichmäßig zu arbeiten, eine Zeit lang ganz außer Acht gelassen werden sollte.

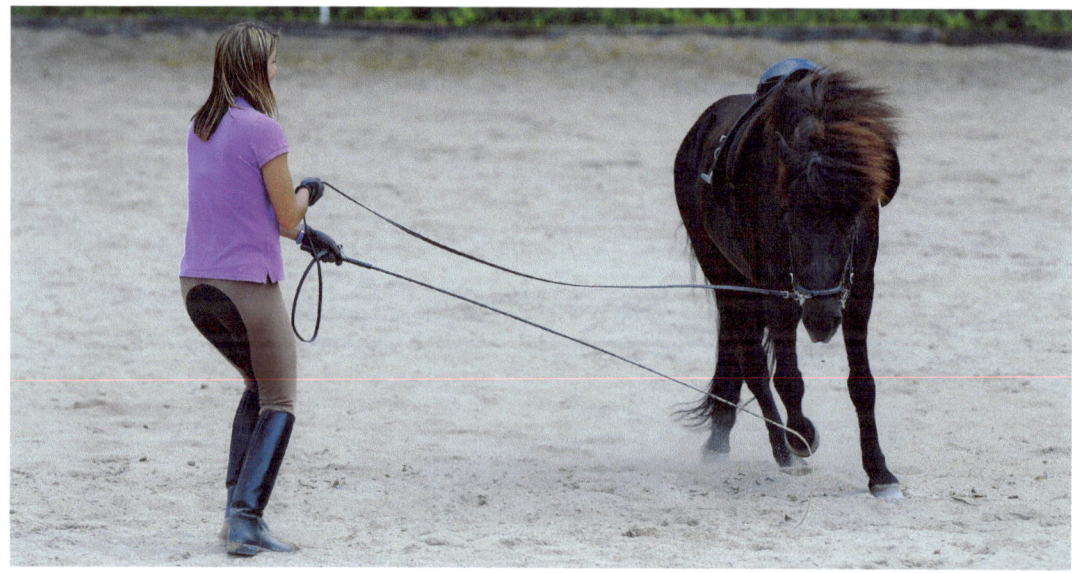

Das Longieren im Kruppeherein braucht deshalb viel Vertrauensarbeit, weil das Pferd auf die Ausbilderin zulaufen muss und der Mensch obendrein die innere Schulter zum Pferd dreht, was normalerweise „anhalten" bedeutet.

HINTERGRUND

Anfangs ist das versale Führen in Richtung Schulterherein auf der hohlen Seite ebenso wenig sinnvoll wie das traversale Führen in Richtung Kruppeherein auf der falschhohlen Seite. Beide Lektionen fördern das naturgegebene

„Ausweichmanöver" des Pferdes in diesem Stadium und dürfen erst in die Arbeit eingebaut werden, wenn der Ausbilder verhindern kann,

● dass das Pferd beim traversalen Führen auf der falschhohlen Seite die Kruppe „nur" hereinwirft und mit dem inneren Hinterbein

neben dem Gewicht fußt, anstatt die Hüfte abzusenken und mit dem inneren Hinterbein Gewicht aufzunehmen;

- dass das Pferd beim versalen Führen auf der hohlen Seite der Lastaufnahme mit der Hinterhand nach außen ausweicht.

Der Ausbilder sollte sich auch bewusst sein, dass für das Schulterherein auf der hohlen Seite eine völlig andere Hilfengebung notwendig ist als für das Schulterherein auf der falschhohlen Seite.

Ist die hohle Seite innen, muss darauf geachtet werden, dass das Hinterbein weiter nach vorne tritt und auf gar keinen Fall seitwärts. Deshalb müssen die Rippen der Hinterhand quasi Platz machen und mehr nach außen rotieren.

Auf der falschhohlen Seite wird das Hinterbein zum Schwerpunkt getrieben und darf deshalb direkt touchiert werden, so lange, bis es den richtigen Weg nimmt.

Für das Kruppeherein ist die Hilfengebung identisch.

1 Mit dieser Position der Gerte signalisiert der Ausbilder das Wenden vom äußeren Zügel.

2 Wenn der Ausbilder es will, kann er in diesem Stadium sein Pferd wahlweise weit in die Tiefe lassen oder aufrichten. Jetzt ist es im Gleichgewicht und kann diese Anforderung erfüllen.

Der Sitz und seine Wirkung ●●○

Die Ausbildung des Pferdes ist spätestens jetzt so weit, dass es dem Sitz des Reiters folgen kann und wird. Der Sitz bekommt damit eine für die Arbeit essentielle Bedeutung, denn er ist und bleibt die einzige primäre Hilfe. Alle anderen Hilfen – Hand, Schenkel, Gerte – kann der Reiter weglassen (weshalb sie auch sekundäre Hilfen genannt werden).

Wie der Sitz formt: Wenn der Reiter sein Knie innen einsetzt, kommt dabei auch die Schulter des Pferdes innen nach vorne oder oben.

Sitzt der Reiter auf dem inneren Oberschenkel, kann er dem inneren Hinterbein die Richtung unter den Schwerpunkt vorgeben.

SO SIEHT DIE ÜBUNG AUS

Die Sitzeinwirkung muss nun so genau werden, dass das Pferd sie in jeder Phase des Miteinanders „lesen" kann. Wieder ist es unerlässlich, dass der Reiter die Schiefe des Pferdes kennt und berücksichtigt (siehe Übung 19). Bis es gerade gerichtet ist, wird er nämlich auf der hohlen Seite andere Sitzhilfen geben müssen als auf der falschhohlen Seite!

Ist die hohle Seite innen, wirkt er mehr mit rhythmischem Druck des inneren Knies und der Wade ein, um eine gleichmäßige Rotation des Brustkorbs zu fördern.

Ist die falschhohle Seite innen, ist es der innere Oberschenkel, der mit mehr Druck im Rhythmus der Bewegung die Rotation verändert und damit die Hüfte des Pferdes zum Absenken motiviert. Er fördert im hinteren Teil des Sattels die gewünschte

Öffnet der Reiter seinen Sitz und setzt vermehrt seinen Gesäßknochen ein, wird das Pferd im Brustkorb freier und kann
sich anheben.

So ist es korrekt: Ein deutliches Drehen im Sitz mit Blick in
die Bewegungsrichtung. Der innere Bügel ist ausgetreten, der
äußere Absatz hat eine leichte Tendenz nach oben.

Rotation und stabilisiert den Reitersitz so, dass
das Gewicht innen bleibt. So kann das Pferd den
Reiter nicht nach außen setzen.

Letztlich ist also der Sitz dafür verantwortlich,
dass das Pferd eine zu beiden Seiten hin gleichmäßige Brustkorbbewegung ausführt, beide
Hinterbeine entschlossen unter den Schwerpunkt
treten und das Pferd somit gerade ist.

Der Reiter wird jetzt aber auch spüren, wie sich
diese Einwirkung in Nuancen verändert oder sich
manchmal sogar komplett umdreht.

Er muss also lernen, seinem Gespür zu trauen
und kann sicher sein: Immer dann, wenn das
Pferd nicht mehr nach unten sucht, ist seine Sitzeinwirkung falsch.

Je mehr das Pferd sich dehnt und sitzen lässt,
desto mehr kann der Reiter seinen geschlossenen
Sitz öffnen und das Gewicht auf die Gesäßknochen
verlagern.

Weil sich dabei die Oberschenkel öffnen, kann das
dadurch befreite Pferd den Brustkorb erhabener
tragen.

.

Einhändig reiten ●●○

Spätestens jetzt führt der Reiter die Zügel überwiegend in einer Hand, die frei über dem Widerrist getragen wird. Sie empfängt hier hauptsächlich die Information, wie das Hinterbein arbeitet. Denn sobald dessen Vortritt nachlässt, wird die vom Pferd angestrebte Anlehnung weniger. Der Reiter kann dann durch Treiben das Gleichgewicht wieder herstellen.

Nur mit der einhändigen Zügelführung ist es möglich, lateral einzuwirken, um das innere Hinterbein sicher unter Kontrolle zu halten und mit dem inneren Zügel den Hals oder Widerrist des Pferdes nach außen zu schieben.

SO SIEHT DIE ÜBUNG AUS

Wir empfehlen, die Zügel stets in der äußeren Hand zu führen – vor allem, weil damit das Drehen der Reiterschultern in die Bewegungsrichtung einfacher ist.

Praktisch ist es, sich von Anfang an anzugewöhnen, Trensen- oder Kandarenzügel durch den Ringfinger zu trennen. Das erleichtert den einhändigen Umgang mit vier Zügeln, zum Beispiel wenn das Pferd zusätzlich einen Kappzaum trägt. Der äußere Kappzaumzügel ist vom Trensenzügel dann durch den kleinen Finger getrennt, der innere Kappzaumzügel wird zwischen Zeige- und Mittelfinger geführt. Alle Zügelenden werden über den Zeigefinger gelegt, wo der Daumen den Zügel fixiert, der vorherrschend einwirkt.

Beim Handwechsel dreht der Reiter die stehende Zügelhand so, dass der Handrücken nach

Wissenswert

Zugegeben, es braucht ein bisschen Übung, die Zügel einhändig führen und beim Umstellen diese Führung auch wechseln zu können. Würde der Reiter ganz im klassischen Sinn arbeiten, könnte er sich letzteres frei- lich sparen, denn in Zeiten, in denen in der rechten Hand die Waffe geführt wurde, wurde auf beiden Händen die linke als Zügelhand be- nutzt.

Die Zügel werden mit der äußeren Hand geführt und sind durch den Ringfinger getrennt. Der Reiter kann sich auf die Bewegung und seinen Sitz konzentrieren.

oben zeigt. Mit der neuen äuße- ren Hand greift er dann quasi deckungsgleich – kleiner Finger anstelle des „alten" Mittelfin- gers, Ringfinger ersetzt Ring- finger, Mittelfinger ersetzt klei- nen Finger.
Nachgefasst wird bei der ein- händigen Zügelführung, indem der kleine Finger der freien (Gerten)Hand die Zügelenden greift und ordnet.
Selbstverständlich kann dies jeder Reiter auch individuell lösen. Wer es aber sowieso völlig neu lernen muss, kann auch gleich dieses erprobte System verinnerlichen, das sich in der Geschichte der Reiterei bewährt hat.

Die Vorstufe zur Arbeit mit vier Zügeln einhändig ist die Zügelführung 3 : 1. Die inne- re Hand kann im Notfall den Kappzaumzügel wie eine Longe nach innen führen.

Das passende Gebiss ●●●

Stangengebisse sind ideal – Stangentrense, Pelham oder auch Kandare. Stangengebisse lassen sich gut im Maul platzieren und übertragen dessen Bewegungen direkt in die Reiterhand. Werden die Pferde einhändig gearbeitet, ist der Einsatz von Hebelgebissen kein Problem – auch nicht im frühen Stadium der Ausbildung.

SO SIEHT DIE ÜBUNG AUS

Solange sich das Pferd noch nicht sicher einhändig führen lässt, sollte zusätzlich ein Kappzaum verwendet werden. Die Zügelführung ist 3:1 – das heißt: Äußerer Kappzaumzügel und die Zügel des Gebisses werden in der äußeren Reiterhand geführt. Der innere Kappzaumzügel liegt in der inneren Reiterhand und kann von dieser auch so eingesetzt werden, wie das Pferd die Führung vom Longieren und von der Bodenarbeit gewohnt ist (siehe Übung 26).

Kann der Reiter die Stellung mit seiner Einwirkung aus dem Sitz (noch) nicht durchsetzen,

Als Eselsbrücke kann das Pelham helfen: Der Reiter könnte auch den inneren Trensenzügel wie den Kappzaumzügel führen, wenn das Pferd in der Aufregung die Stellung aufgibt.

Wissenswert

In Zeiten, in denen die Kavallerie noch kriegsentscheidend war, waren viele Offiziere sehr gute Reiter. Ihnen war dieses einhändige Lenken von außen in Fleisch und Blut übergegangen. Daher waren viele nach der Weiterentwicklung der (Kriegs)Technik in der Luftwaffe sehr erfolgreich, wo der geschickte Einsatz des Steuerknüppels im Flugzeug gefragt war. Der funktionierte nämlich nach diesem Prinzip.

nimmt er kurzzeitig die innere Hand mit dem Kappzaumzügel deutlich nach innen und richtet damit das Genick des Pferdes in die gewünschte Richtung. Ziel ist es, alle vier Zügel einhändig zu führen und in der Folge ganz auf den Kappzaum verzichten zu können. In extremen Situationen – wie zum Beispiel bei einem Turnier, wo die Kombination von gebissloser Zäumung und Gebiss nicht erlaubt ist – kann es hilfreich sein, wenn sich Reiter und Pferd mit einem Pelham eine „Eselsbrücke" bauen. Der innere Trensenzügel kann dabei in der inneren Hand alleine (3:1) geführt und das Pferd so an die Kappzaumwirkung erinnert werden.

Kommen die Pferde zu tief oder hinter die Senkrechte, ist der Kappzaum ein gutes Mittel zur Korrektur. Er hat, wie die Trense, eine aufrichtende Wirkung.

Bei der 3:1-Zügelführung kann der Reiter im Notfall, wenn er die Stellung nicht durchsetzen kann, mit dem Kappzaum selbst lenken.

Einwirken im Stand ●●●

Für sein Gefühl und die Koordination seiner Hilfen sollte der Reiter zunächst im Stand ausprobieren, wie das Pferd die gewünschte Stellung annimmt und sich nach unten streckt. Anfangs lässt sich eine Überreaktion (zur Seite, vorwärts oder rückwärts) schwer vermeiden. Schnell lernen die Pferde aber, was gewünscht ist und der Reiter lernt, die Hilfen richtig zu dosieren.

Unter Berücksichtigung der natürlichen Schiefe touchiert der Reiter gezielt die Kruppe, damit das Pferd sich in die Hand dehnt.

SO SIEHT DIE ÜBUNG AUS

Auf der hohlen Seite nimmt der Reiter die Zügel einhändig auf und hält tendenziell mit dem inneren Zügel eine ganz leichte Verbindung. Jede Einwirkung rückwärts wäre hier kontraproduktiv.

Der äußere Zügel liegt an der Schulter des Pferdes an und verhindert, dass der Hals sich nach innen biegt.

Gleichzeitig nimmt der Reiter sein Gewicht nach innen (ohne nach innen zu hängen!), und schiebt mit dem Knie und dem obersten Teil der inneren Wade (bei tiefem Absatz) den unteren Teil des Brustkorbs nach außen. Die Gerte kann diese Einwirkung unterstützen, wobei sie unmittelbar vor oder hinter dem Schenkel eingesetzt wird. Das Pferd wird gelobt, wenn es als Reaktion auf diese Impulse nach unten sucht. Die Hilfe veranlasst, dass es dort mit gestrecktem Hals auch bleibt.

Das Pferd sucht nach vorwärts-abwärts. Die Reiterhand gibt nach, damit es sich dehnen kann.

Das Pferd bleibt gelassen stehen. Der Rücken ist aufgewölbt.

Auf der falschhohlen Seite nimmt der Reiter die Zügel einhändig auf. Der innere Zügel darf leicht die Schulter berühren.

Eine in Richtung außen annehmende und nachgebende Hilfe der einhändig geführten Zügel nimmt den Halsansatz im Rhythmus einer gedachten Bewegung quasi nach außen mit. Der äußere Zügel spielt zu diesem Zeitpunkt keine Rolle und kann gerne durchhängen oder im fortgeschrittenen Stadium den Widerrist nach innen führen.

Der Reiter nimmt mit tiefem Absatz sein Gewicht nach innen, dreht die äußere Schulter nach vorne und drückt im hinteren Teil des Sattels den Oberschenkel an, womit sich die Wirbelsäule des Pferdes tendenziell nach unten und außen bewegt. Der äußere Schenkel wirkt mehr im vorderen Teil des Brustkorbs ein und verhindert, dass dieser nach außen ausweicht.

Die Gerte kann im Bereich des inneren Hinterbeins helfen. Das Pferd wird gelobt, wenn es nach unten sucht und mit gestrecktem Hals dort auch bleibt.

Koordiniert in den Schritt ••○

Die Grundlagen von Stellung und Biegung sind erarbeitet. Der Reiter hat bis hierhin viel Mühe darauf verwendet, sich und dem Pferd dies klarzumachen. Entscheidend ist nun, das Erlernte aus dem Stand ins Vorwärts mitzunehmen.
Es lohnt sich, in dieser Phase der gemeinsamen Arbeit sehr genau zu sein und immer wieder mit dem Sitz auf die richtige Rotation zu beharren, bis das Pferd gerade gerichtet ist.

SO SIEHT DIE ÜBUNG AUS

Die Rotation des Brustkorbs spürt der Reiter am zuverlässigsten im Schritt am langen Zügel, wenn das Pferd zum Beispiel im Gelände zielstrebig geradeaus schreitet. Dann kann der Reiter sich in der Bewegung mitnehmen lassen und sich mit etwas Fantasie vorstellen, er säße auf einer schwankenden Tonne. Er kann dann auch jeweils den Moment benennen, an dem ein Hinterbein abfußt.

Später wird der Reiter aber auch spüren, dass es mit aufgenommenen Zügeln, womöglich in der Bahn auf einem Zirkel, gar nicht mehr so einfach ist, das Abfußen zum Beispiel des inneren Hinterbeines mit einem „Jetzt" zu kommentieren. Üben Sie mit Unterstützung eines Helfers so lange, bis Sie sich ganz sicher sind und das „Jetzt" immer zum richtigen Zeitpunkt kommt. Denn genau dieser Moment ist auch der einzig sinnvolle Moment der treibenden Einwirkung (und zwar sowohl mit dem Schenkel wie auch mit der Gerte), wenn das Pferd zu vermehrtem Vor- und Untertreten der Hinterhand motiviert werden soll.

Wichtig für das Reiten in Stellung und Biegung ist es, die Rotation zu spüren, ihren Rhythmus aufzunehmen und damit die innere Bewegung

Die Bewegung der Hinterbeine muss in Fleisch und Blut übergehen. Dann kann der Reiter sie auch sicher fühlen, wenn die Zügel aufgenommen sind.

Im ruhigen Schritt ist es am einfachsten zu spüren, wann die Hinterbeine abfußen und vorschwingen.

zu betonen. So wird das innere Hinterbein zur vermehrten Lastaufnahme angeregt – und zwar angepasst an die natürliche Schiefe.
Das heißt:

- Auf der falschhohlen Seite muss der Oberschenkel im hinteren Teil des Sattels im Rhythmus der Bewegung eine Rotation nach innen-unten erzeugen;
- auf der hohlen Seite schwingt die untere Ebene des Brustkorbs zu wenig nach außen.

Tipp

Bei manchen Pferden kann es besser sein, die Beweglichkeit des Brustkorbs zunächst bei Übungen im Stand zu erspüren. Bei anderen Pferden fühlt der Reiter sie möglicherweise leichter in der Bewegung, vor allem im Schritt. Bis der Reiter sich sicher ist, sollte er beide Varianten immer wieder ausprobieren.

Handwechsel ●●○

Ein Handwechsel ist eine echte Herausforderung. Wer sich intensiv mit der natürlichen Schiefe seines Pferdes beschäftigt, wird dies schnell verstehen. Die korrekte Stellung und später die Biegung müssen auf der neuen Hand im geschmeidigen Wechsel wieder erreicht werden. Je schiefer das Pferd (noch) ist, umso schwieriger ist dies.

SO SIEHT DIE ÜBUNG AUS

Handwechsel werden bei vermeintlich einfachen Gehorsamsprüfungen häufig abgefragt und deshalb oft gedankenlos geritten. Dabei ist es vor allem bei den Gangpferden anfangs eine der schwersten Übungen, die Stellung und Biegung korrekt zu wechseln, weil die Hinterhand von Gangpferden von Natur aus mehr schiebt und sich die natürliche Schiefe damit stärker auswirkt. Auf wenigen Metern, dazu noch im schnellen Gang, ist das zunächst ein Ding der Unmöglichkeit.

Bewährt hat es sich, die Richtungsänderung so lange im Stand zu verinnerlichen, bis das ohne Hektik funktioniert: Der Reiter pariert also sein zum Beispiel links gestelltes Pferd mit koordiniertem Annehmen und Treiben bis in den Stand durch und lässt es idealerweise nach unten suchen. Dann wechselt er die Zügelhand, die Stellung und veranlasst das Pferd, sich in der neuen Stellung in die Tiefe zu dehnen. Dann reitet er im Schritt an, ohne die neue Stellung aufzugeben. In der nächsten Stufe wird er dann im Schritt auf die jeweils andere „Seite" wechseln, indem er zuerst, zum Beispiel aus dem Zirkel oder durch die ganze Bahn, die Hand wechselt und dabei die „Stellung" beibehält. Erst nach etlichen Metern (bis zu einer halben Runde), wenn das Pferd die

1 Sinnvoll ist es, wenn der Reiter zum Handwechsel anfangs anhält und das Pferd abwärts suchen lässt.

2 Die neue Stellung ist erst erreicht, wenn das Pferd sich wieder an den inneren Zügel herandehnt.

3 Anstelle eines direkten Handwechsels kann es für Pferd und Reiter auch entspannend sein, einige Meter am langen Zügel zu gehen und dann auf der neuen Hand wieder frisch zu beginnen.

neue Richtung hat, wird auch die Stellung gewechselt. Auch in diesem Fall muss der Reiter sich bewusst sein, dass die neue Stellung erst erreicht ist, wenn das Pferd sich an den neuen inneren Zügel dehnt und den Reiter innen tief sitzen lässt. Bis das im schnelleren Gang zuverlässig geht, sollte immer im Schritt die Hand gewechselt werden.

DAS ZIEL

Man muss sich darüber klar sein, dass es sehr lange Zeit in Anspruch nehmen kann, bis das zuverlässig in einer Schlangenlinie oder einer Acht klappt – und dass dies erst recht im Trab oder Tölt eine Mammutaufgabe ist.

Hier darf der Reiter nicht die Geduld verlieren. Er kann sich sicher sein, dass sich Langmut lohnt.

Tölten auf der falschhohlen Seite ●●●

Im Tölt erarbeitet der Reiter nun Stellung und Biegung. Er legt aus dem Schritt nur so viel zu, dass er seinen Einfluss auf die Rotation des Brustkorbs erhalten kann. Ist alles richtig, fühlt sich der Übergang aus dem Schritt nahtlos an. Hilfreich ist es, das Pferd in der Bahn oder auf dem Platz auf einem großen, gleichmäßigen Kreisbogen zu arbeiten.

SO SIEHT DIE ÜBUNG AUS

Beim Übergang aus dem Schritt über den Rennschritt in den Tölt auf der gebogenen Linie muss der Reiter auf der falschhohlen Seite mit einem typischen Fehler rechnen: Das Pferd weicht über die äußere Schulter aus – meistens in Kombination damit, dass es mit der Kruppe nach innen ausfällt.

Achtung: Obwohl das Pferd sich dann auf drei oder mehr Hufschlägen bewegt, geht es in diesem Fall kein Kruppeherein. Der Brustkorb rotiert nicht nach innen und das innere Hinterbein wird nicht als inneres benutzt.

Das Pferd tritt am Schwerpunkt vorbei und ist kreuzgestellt. Der Reiter kann innen nicht tief sitzen.

So wirkt der Reiter diesem Problem entgegen:

- Der äußere Unterschenkel verhindert im vorderen Bereich des Brustkorbs das Ausweichen der äußeren Schulter;
- der innere Oberschenkel fordert im hinteren Teil des Sattels das Absenken und Vorschwingen der Hüfte;

Typisches Sitzproblem auf der falschhohlen Seite: Das Pferd gaukelt dem Reiter durch seine Halshaltung vor, dass es sich korrekt biegt. Die Rotation des Brustkorbs stimmt aber nicht. Der Reiter kann innen nicht sitzen und knickt in der Hüfte ein, um sich auszubalancieren.

- der Reiter konzentriert sich darauf, dass ihn das Pferd nicht nach außen setzt;
- hilfreich ist es, tendenziell in der äußeren Hüfte einzuknicken, da dann das Gewicht innen ist;
- das innere Hinterbein wird durch Treiben mit der Gerte innen zum Durchschwingen animiert;
- Paraden am inneren Zügel, die im Wechsel mit dem Treiben gegeben werden, verhindern, dass das Pferd schneller wird. Gefragt ist ein geschickter Wechsel von treibendem Impuls und parierendem Aufnehmen.

DAS ZIEL

In aller Ruhe wird die richtige Reaktion auf die Hilfen gefordert: Das Pferd senkt Kopf und Hals in die Dehnungshaltung, wird dann schneller und geht vom Schritt über den Rennschritt in den Tölt.

Verliert das Pferd sein Gleichgewicht und kommt mit Kopf und Hals nach oben, wird das Tempo wieder verringert – zur Not bis zum Stand. Geduldig fordert der Reiter erneut die Dehnung, die dann beim Antreten beibehalten bleiben und bis in den Tölt nicht verloren gehen sollte.

Ist die Korrektur der Stellung erfolgreich und das Pferd lässt innen sitzen, entsteht ein leichter Knick in der äußeren Reiterhüfte. Der Reiter kann sein Gewicht nun innen platzieren.

Tölten auf der hohlen Seite ●●●

Auf der hohlen Seite spürt der Reiter, dass er zwar innen sitzen kann, das Pferd aber auch auf die innere Schulter fällt. Weil die innere Schulter tief ist, kann im ungünstigen Fall die Hinterhand beim Antölten nicht weit genug nach vorne treten. Der kurze Tritt fühlt sich an wie ein Springen. Diese Gangunregelmäßigkeit nutzt das naturschiefe Pferd, um sein Gleichgewicht zu erhalten.

Der Reiter sorgt durch die Einwirkung am Kappzaum dafür, dass innen kein Druck entsteht und der Hals des Pferdes gerade bleibt. Die Biegung entsteht durch das Treiben.

Allmählich wird durch diese Einwirkung die Oberlinie des Pferdes aufgedehnt. Mehr und mehr kommt dadurch das äußere Ohr des Pferdes nach vorne.

SO SIEHT DIE ÜBUNG AUS

Auf der hohlen Seite weicht das Pferd beim Übergang vom Schritt in den Tölt auf dem Kreisbogen meist über die Schulter nach innen aus. Der Reiter hat das Gefühl, dort „zu viel Pferd" zu haben und versucht das Problem zu beheben, indem er das Pferd in eine Innenstellung zwingt, um die Schulter nach außen zu schieben. Das bewirkt aber das Gegenteil: Das innere Hinterbein, das ohnehin zu kurz tritt, wird durch die Handeinwirkung noch mehr ausgebremst. Besser ist es, wenn die äußeren Hilfen die Einhaltung des Kreisbogens unterstützen, ohne die Orientierung des Pferdes nach innen zu stören:

- Der äußere Zügel hält den Hals gerade, er gibt der Schulter eine Tendenz nach innen;
- die Gerte und das Reiterknie innen fördern gleichzeitig die Rotation des unteren Brustkorbs nach außen;
- der innere Zügel wird vorsichtig angeboten, damit das Pferd sich in einer Vorwärtsorientierung an diesen Zügel herandehnt. Dazu ist entscheidend, dass der Reiter im Moment des Treibens innen nachgibt. Das Pferd darf sich nach vorne dehnen, so weit wie es möchte. Es darf dabei sogar gefühlt nach außen schauen;
- der äußere Unterschenkel wird stark zurückgenommen und begrenzt die Hinterhand. Der gleichmäßige Schwung der inneren Reiterhüfte in der Bewegung nach vorne muss erhalten bleiben.

DAS ZIEL

Gut ist es, wenn der Reiter das Gefühl hat, dass sich die innere Schulter anhebt. Steigert sich als Ergebnis dieser Hilfen der Druck auf den äußeren Zügel, wird die Gerte weiter hinten eingesetzt. Das Pferd darf keinesfalls hinter die Hand kommen.

Durch ein vorsichtiges Aufrichten am äußeren Kappzaum kann das Pferd sich in der Schulter immer freier tragen.

Tipp

Wichtig ist, dass der Reiter keinen Gedanken an eine „Reitpferdeform" im Tölt verschwendet. Ziel ist das Tölten im Gleichgewicht und in ausbalancierter Dehnungshaltung. Das fühlt sich nicht nur gut an, sondern ist die Basis für alles Weitere.

Die Arbeitsgangart festlegen ●●○

Je nach Veranlagung des Pferdes ist es sinnvoll, wenn der Reiter für die Arbeit an Stellung und Biegung und für die folgende Steigerung der Versammlungsfähigkeit eine der mittleren Gangarten wählt. Es spricht viel dafür, Tölt als Arbeitsgangart zu wählen. Manchmal gibt es aber auch Gründe, auf der einen Hand zu tölten und auf der anderen zu traben. Oder in den passenden Momenten einen Übergang zuzulassen.

SO SIEHT DIE ÜBUNG AUS

Trab als Arbeitsgangart eignet sich hauptsächlich für viergängige Pferde, die nicht gleich in den (passigen) Tölt ausweichen, wenn die reiterliche Einwirkung zu ungenau ist.

Vorteil: Trab betont die diagonale Bewegung, damit ist die Rotationsfähigkeit des Brustkorbs sehr hoch. Der Reiter spürt das Hin und Her gut, was ihm die gezielte Einwirkung über den Sitz erleichtert.

Nachteil: Trab als Arbeitsgangart birgt andererseits die Gefahr, dass sich die diagonale Bewegung sehr festigt. Dann kann der Übergang in den Tölt schwierig sein, denn wenn zusätzlich laterale Bewegung gefordert ist, halten sich viele Pferde im Rücken fest.

Beim Einreiten und in der Gewöhnung ist der Trab die ideale Gangart, weil sich das Pferd dabei in Hals und Kopf am besten fallen lassen kann.
Achtung: Solange der Schweif noch zwischen den Hinterbeinen ist, ist das immer ein Zeichen für Spannungen im Pferdekörper.

Müheloser Tölt. Das Pferd befindet sich im horizontalen Gleichgewicht. Die Stellung stimmt. Das innere Ohr ist beim Reiter, das äußere orientiert sich nach vorne in Richtung der Bewegung.

Wissenswert

Die Arbeit in korrekter Stellung und Biegung ist beim Gangpferd auch so etwas wie die Stunde der Wahrheit. Wenn viergängige Pferde jetzt den (passigen) Tölt nicht immer mal wieder anbieten, haben sie womöglich zu wenig Töltveranlagung, um in dieser Gangart weiter gefördert zu werden. Oder dem Reiter ist ein Fehler in der Ausbildung unterlaufen und er hat sein Pferd nicht genügend auf die Anforderung vorbereitet.

Tölt als Arbeitsgangart ist für alle Pferde richtig, die bei der geringsten Unstimmigkeit in der Einwirkung aus dem Trab fallen und bei denen der Reiter deshalb immer wieder Kompromisse machen muss, um den Trab überhaupt zu halten.

Vorteil: Tölt bietet als Arbeitsgangart den Vorteil, dass das Pferd den Rücken nicht allzu weit nach unten wegdrücken kann.

Nachteil: Tölt als Arbeitsgangart setzt ein feineres Gespür für die Rotation des Brustkorbs voraus, da diese im Tölt naturgemäß geringer ist, denn das Pferd bewegt sich im Tölt nicht nur diagonal, sondern auch lateral. Die Biegung fällt ihm deshalb prinzipiell schwerer als im nur diagonalen Trab. Bei der Arbeit im Schulterherein, das die diagonale Bewegung und mehr Dehnung fördert, kann der Reiter bei solchen Pferden den Trab zulassen.

Schulterherein ●●●

Förderlich für das Gleichgewicht und die Koordination ist Schulterherein nur, wenn es in korrekter Stellung geritten wird und der Reiter es als Verstärkung der Biegung versteht. Dann hat es einen hohen gymnastischen Wert. Wird lediglich die Fortbewegung auf drei Huschlägen abgerufen, verkommt die Lektion zur nutzlosen Übung.

Zu Beginn wird immer auf einer gebogenen Linie geübt. Der Reiter toleriert zunächst bis zu einem gewissen Grad (solange es kein Schenkelweichen wird) das Ausweichen der Hinterhand.

SO SIEHT DIE ÜBUNG AUS

Schulterherein als „Lektion" birgt die Gefahr, dass es nicht zur Gymnastizierung eingesetzt, sondern als Kunststück geübt wird. Sinn und Zweck des Schulterhereins ist es, das innere Hinterbein vermehrt zum gemeinsamen Schwerpunkt von Reiter und Pferd zu arbeiten. Damit fördert der Reiter Stellung, Biegung und die Dehnung der äußeren Oberlinie. Das Pferd wird in der äußeren Schulter frei. Die inneren Beine kreuzen über die äußeren.

Bis das Pferd komplett gerade gerichtet ist, bringt es wenig, Schulterherein auf beiden Händen zu reiten. Sinnvoll dagegen ist es, auf der falsch-hohlen Seite mit lateralen Hilfen das Pferd immer mehr in Richtung Schulterherein zu formen.

● Der Reiter sitzt auf dem inneren Oberschenkel und motiviert damit den Brustkorb, nach innen-unten zu rotieren.

● Die Zügelführung ist einhändig, wobei hauptsächlich der äußere Zügel einwirkt. Er nimmt am Hals anliegend rhythmisch den Widerrist mit nach innen. Er kann aber auch im Gebiss wirken, wobei er auf keinen Fall dauerhaft rückwärts angenommen werden darf.

Das Pferd muss sich immer wieder strecken dürfen. Der Reiter gibt also ganz bewusst vor jedem Treiben nach.

- Der äußere Unterschenkel wirkt relativ weit vorne ein und verhindert das Ausbrechen der Schulter, indem er die Rotation des Brustkorbs nach außen-unten abmildert. Die Gerte hilft innen, die obere Ebene nach außen zu schieben.

Entscheidend ist nicht der Grad der Seitwärtsbewegung, sondern die Tatsache, dass das innere Hinterbein des Pferdes in Richtung Schwerpunkt tritt. Zur Kontrolle, ob das Pferd die Hilfengebung verstanden hat und umsetzen kann, lässt der Reiter in der Bahn die Zügel lang. Er wendet das Pferd auf der falschhohlen Seite mit dem „Schulterhereinsitz" und durch Treiben mit dem inneren Schenkel auf einen kleiner werdenden Kreisbogen. Um den Kreis wieder zu vergrößern, führt er mit einhändiger Zügelführung in der äußeren Hand den inneren Zügel gegen den Widerrist.

DAS ZIEL

Das Ziel der Arbeit am Schulterherein ist eine immer stärkere Biegung, wobei das innere Hinterbein vermehrt Gewicht aufnimmt und die äußere Schulter frei wird. Das Maß des Übertretens der inneren Beine über die äußeren ist zweitrangig.

Durch das vermehrte Untertreten des inneren Hinterbeins erreicht der Reiter ein deutliches Vorwärts-abwärts-Suchen. Dass das Hinterbein unter den gemeinsamen Schwerpunkt tritt, ist wichtiger als das Kreuzen der Beine in der Bewegung.

Kruppeherein ●●●

Im Kruppeherein muss der Reiter (weil er im Verhältnis zur Größe des Pferdes eher schwer und groß ist) genau auf die Grundbalance achten. Wenn diese nicht stimmt, geht in der Lektion die Gangart verloren: Der Schritt wird zu Pass, aus Trab wird Tölt, Galopp geht nicht mehr. Die Pferde reagieren verhalten auf die Hilfen oder sie rennen weg.

SO SIEHT DIE ÜBUNG AUS

Im Kruppeherein kreuzen die äußeren Beine des Pferdes über die inneren. Entscheidend für den gymnastischen Wert der Lektion ist, dass das äußere Hinterbein zusätzlich zum inneren unter den Schwerpunkt getrieben werden kann.
Auch hier gilt: Bis das Pferd komplett gerade gerichtet ist, bringt es wenig, Kruppeherein auf beiden Händen zu reiten. Sinnvoll, weil es das Gleichgewicht verbessert, ist das Kruppeherein auf der hohlen Seite.

- Um die Rotation des Brustkorbs nach innen-unten auf der hohlen Seite nicht noch mehr zu verstärken, beginnt der Reiter, den Sitz zu öffnen (siehe Versammlung, Übung 41) und setzt vermehrt den inneren, vorschwingenden Gesäßknochen ein.
- Der äußere Unterschenkel wird deutlich zurückgenommen.
- Der innere Zügel führt den Halsansatz (im Sinne von Begrenzen) und pariert im Bedarfsfall. Aber Achtung: Das Pferd darf sich deshalb nur wenig nach innen biegen, der Hals soll gerade bleiben.

Das Pferd darf sich innen ans Gebiss dehnen und sollte sich im Idealfall dort lösen (kauen). Solange diese Orientierung stimmt, kann der Hals zeitweise auch gefühlt nach außen

Ganz typisch und richtig ist das Kreuzen der äußeren Beine über die inneren. Das Maß dieses Kreuzens ist anfangs nicht wichtig.

zeigen, ohne dass der innere Zügel notwendigerweise im Gebiss wirkt.

- Läuft das Pferd als Ergebnis dieser Einwirkung zu viel nach innen, sorgt der innere Unterschenkel dafür, dass der Kreisbogen wieder größer wird. Die Gerte unterstützt den inneren Zügel und Schenkel, damit das Pferd den Kreisbogen nicht zu klein macht und die Kruppe nicht hereinfällt.

Zur Kontrolle, ob das Pferd die Hilfengebung verstanden hat und umsetzen kann, lässt der Reiter die Zügel lang. Ohne Handeinwirkung wendet er mit seinem Sitz und mit der Gerte am inneren Hinterbein auf einen Kreisbogen. Dann vergrößert er den Kreisbogen mit der Einwirkung seines inneren Schenkels.

DAS ZIEL

Ziel ist es, dass das Pferd in der Hinterhand immer schmaler tritt und beide Hinterbeine in Richtung Schwerpunkt führt.

Der Reiter hat den inneren Absatz deutlich tiefer als den äußeren. Die Gerte unterstützt die Vorwärtsbewegung des inneren Hinterbeins. Das Pferd darf nicht gegen das innere Gebiss kommen, denn das baut diagonale Spannung auf.

Allein im Gelände ●●○

Die meisten Reiter wissen es: Ausreiten ist wichtig für die Psyche von Pferd und Reiter. In jedem Ausbildungsstadium sollten beide mindestens zwei- bis dreimal in der Woche ins Gelände gehen, wobei sie dort das in der Bahn Geübte umsetzen können – oft mit bemerkenswerter Wirkung.

So macht tölten Spaß: Für Pferd und Reiter ist das Miteinander bequem, leicht und mühelos. Niemand darf allerdings glauben, dass diese Harmonie ohne Grundarbeit am gemeinsamen Gleichgewicht möglich ist.

SO SIEHT DIE ÜBUNG AUS

Ausreiten ist in diesem Stadium der Ausbildung längst viel mehr als ein Spazierentragen lassen. Selbstverständlich achtet der Reiter darauf, dass sein Pferd in allen Gangarten eine Stellung annimmt, und setzt diese, ebenso wie später die Biegung, jeweils mit dem Sitz konsequent durch.

Zunehmend ist der Reiter auch im Gelände möglichst einhändig unterwegs. Selbstverständlich wird er die Übergänge aus dem Schritt in den Tölt oder Trab genauso konzentriert erarbeiten wie in der Bahn.

Normalerweise ist der Reiter mit seinem Pferd im Gelände alleine, denn das erlaubt es, die Arbeit individuell zu gestalten (wenn nicht, sind die Anforderungen zumindest anfangs andere).

Reiter und Pferd können so das für sie passende Tempo und die Strecken in puncto Länge oder Gefälle optimal auswählen. Dabei wird der Reiter spüren, dass ihm einerseits der etwas stärkere Vorwärtsdrang, den die meisten Pferde im Gelände haben, nützlich sein kann. Andererseits können Kompromisse notwendig sein, gerade weil nicht immer auf den Punkt getrieben werden kann.

Nicht immer lassen sich Schulterherein oder Kruppeherein

so exakt durchsetzen wie in der Bahn, wo Wendungen die gymnastizierende Übung einleiten und damit erleichtern können. Das ist aber nicht tragisch, weil mehr Vorwärtsdrang den Fluss in die Bewegung bringt. Bewährt hat sich die Abwechslung zwischen Bahn und Gelände bislang immer.

Übrigens wird der Reiter bei geeignetem Geläuf auch mal richtig vorwärtsgaloppieren. Oder die Grenzen des Tempos im Tölt oder Trab so weit wie möglich nach oben ausloten. Dabei ist es gut, ein Maß zu finden zwischen Koordination (Stellung und Biegung) und Vorwärtsdenken. Wichtig ist, dass es Pferd und Reiter Spaß macht.

Schnelles Tempo, besonders im Galopp, motiviert Pferd und Reiter.

Gemeinsam im Gelände ●●○

Wer mit anderen im Gelände ist, sollte sein Pferd in diesem Stadium so gut im Griff haben, dass er auf andere Rücksicht nehmen und jederzeit jede Anforderung an Takt und Tempo einer Gangart erfüllen kann. Ein bisschen kann man sich das vorstellen wie Quadrille-Reiten. Wenn es klappt, macht das gemeinsame Ausreiten dem Pferd und dem Reiter großen Spaß.

SO SIEHT DIE ÜBUNG AUS

Die Vorbereitung auf den Ausritt in der größeren Gruppe geschieht immer, indem der Reiter alleine mit seinem Pferd ins Gelände geht (siehe Übung 12, 14 ,19 und 36).

Klappt das weitgehend, sollte öfters gemeinsam mit anderen Pferden ausgeritten (oder ein Handpferd mitgenommen) werden. Zunächst ist ein vertrauter Partner ideal, der Mitreiter sollte Rücksicht nehmen können. Denn wohlgemerkt: Jetzt geht es nicht mehr nur darum, dass nichts passiert und die Gruppe beieinanderbleibt – es geht vielmehr darum, dass der Reiter Stellung und Biegung auch in dieser Situation einfordern kann. Das Pferd muss verstehen, dass es sich immer auf seinen Reiter konzentrieren muss, ganz gleich, wie viele andere Pferde drumherum sind. Anfangs ist es wichtig, dass die Begleiter nicht einfach antölten, wenn das „neue" Pferd nicht auf den Reitersitz reagiert. In diesem Fall muss man wieder langsamer werden können oder sogar durchparieren, wenn die Reaktionen des Pferdes nicht mehr akzeptabel sind.

Als Handpferd an der Seite eines erfahrenen Pferdes lassen sich viele Situationen fast spielerisch managen.

Eine gute Möglichkeit, das Tempo im Tölt und sogar im Rennpass nach oben auszuloten, ist die Arbeit mit einem geübten Hand-pferd, das das Reitpferd nicht überholt.

DAS ZIEL

Selbstverständlich muss der Reiter Kompromisse machen, darf dabei aber sein Ziel nicht aus den Augen verlieren: die totale Konzentration des Pferdes auf ihn.

In den Schlachten vergangener Jahrhunderte war es unerlässlich, dass das Pferd sich nicht ablenken ließ. Heutzutage ist es vielleicht nicht überlebenswichtig, aber wesentlich sicherer, wenn das Pferd so weit ausgebildet ist, dass es auch in Stresssituationen bereitwillig den Hilfen seines Reiters folgt. Der wird spätestens dann wissen, dass sich die Zeit, die er in die Ausbildung investiert hat, mehr als gelohnt hat.

Stresssituationen können einen positiven Lerneffekt haben, wenn es gelingt, die Konzentration wiederherzustellen.

Die Versammlung

Die Arbeit an der (echten) Versammlung ist beim Gangpferd ein Ziel, das sehr hohe Anforderungen an Reiter und Pferd stellt. Leichtigkeit, Harmonie und Ausdruck – ohne jede Anwendung von Kraft oder Zwang – setzen großes Können und Gefühl voraus. Für diese echte Versammlung sind eine korrekte Stellung und Biegung unerlässlich.

Das Pferd ist jetzt grundsätzlich so durchlässig, dass der Reiter nach Belieben die beiden Hinterbeine vermehrt zum Schwerpunkt arbeiten kann.

EINE GROSSE HERAUSFORDERUNG

Jetzt werden die Seitengänge perfektioniert, am korrekten Zulegen und Einfangen in allen Gängen gearbeitet – einhändig selbstverständlich.

Jetzt ist ein absolut koordinierter Sitz gefragt.

Jetzt wird der Reiter auch spüren, dass dem mehr und mehr versammelten Pferd das Umstellen beim Handwechsel immer leichter fällt, dass immer kleinere Hilfen nötig sind. Es ist es also in dieser Stufe sinnvoll, die Hand häufiger und auch im schnelleren Gang zu wechseln.

Oben Versammlung beginnt, wenn der Reiter im ruhigen Tempo die Hinterhand motivieren und deren Gelenke beugen kann. Die relative Aufrichtung passt zum Beugungsgrad der Hinterhand. Links Voraussetzung für die Versammlung ist ein Beugen der großen Gelenke der Hinterhand. In den schnelleren Gängen wie dem Rennpass ist das von Natur aus gegeben.

Das Ergebnis der Arbeit: Das Miteinander von Reiter und Pferd sieht fließend und leicht aus. Jeder Betrachter bekommt spontan Lust, es auch zu probieren, „weil das ja gar nicht schwer sein kann".

Reiter und Pferd stehen alle Möglichkeiten offen. Sie sind jeder Situation gewachsen.

Longieren ●●●

Bodenarbeit und Longieren begleiten die Ausbildung eines Pferdes ein Leben lang – aber sie verändern sich in ihrer Ausführung entsprechend dem Können des Vierbeiners. Besonders die Position des Ausbilders bei der Arbeit macht das deutlich.

SO SIEHT DIE ÜBUNG AUS
Stufe 1

Wir erinnern uns, wie der Ausbilder anfangs in der Bodenarbeit mit dem Pferd mitgelaufen ist und sogar noch einen Helfer hatte. Je weiter die Arbeit fortgeschritten ist und je mehr das Pferd gelernt hat, die Körpersignale des Ausbilders als Hilfen wahrzunehmen und entsprechend zu reagieren, desto sparsamer wird nun allmählich deren Dosierung.

Stufe 2

Im freien Longieren in der Halle dreht der Ausbilder lediglich seine Schultern, um eine Schulterherein- oder Kruppehereinstellung zu bewirken. Er geht dabei auf einem immer kleineren Kreisbogen im Schulterherein mit der Bewegung vorwärts und im Kruppeherein rückwärts. Anfangs durch Antippen, später durch ein Zeigen mit der Gerte, erreicht er eine vermehrte Biegung des Pferdes.

Eine der höheren Anforderungen in der Longenarbeit ist der gelungene Handwechsel im Galopp: Die Ausbilderin geht rückwärts und das Pferd galoppiert auf sie zu. Voraussetzung hierzu ist eine gute Grundarbeit und viel Vertrauen.

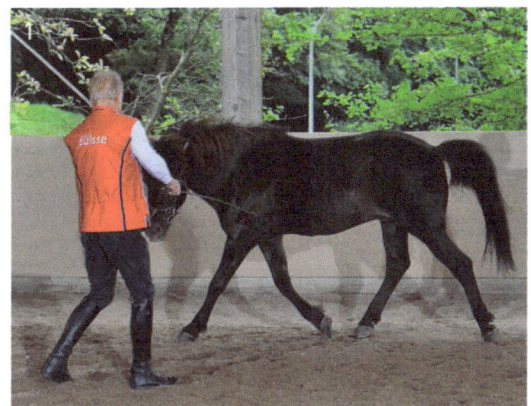

DAS ZIEL

Ziel in der hohen Stufe der Ausbildung an der
Longe ist es, dass der Ausbilder in der Mitte des
Kreises stehen bleiben kann und seine Schultern
neutral hält. Durch seine Position übernimmt
der Longeur, unterstützt von den Signalen der
Gerte, jetzt quasi die Funktion des inneren Reiterschenkels. Das Pferd biegt sich geschmeidig um
ihn herum.

Wichtig ist dabei, dass er das Pferd jederzeit und
in jeder Gangart in die Dehnung entlassen und
wieder aufnehmen kann, weil es sich in jeder Position biegen lässt.

In diesem Stadium kann der Ausbilder nun selbst
mit dem Fünfgänger den Galopp an der Longe
miteinbeziehen. Das Angaloppieren erreicht er
aus der Kruppehereinstellung, die er auf beiden
Seiten zuverlässig abfragen kann. Anfangs wird
nach wenigen Sprüngen durchpariert.

Vorsicht: Wird das Pferd schneller oder driftet
nach außen, kann der Longeur die Stellung
und Biegung im Galopp noch nicht gut genug
durchsetzen und sollte eine Ausbildungsstufe
zurückgehen.

1 Longieren im Kruppeherein: Der Ausbilder geht rückwärts,
seine linke Schulter zeigt zum Pferd.

2 Das Pferd darf sich in jeder Phase der Ausbildung zwischen
den Lektionen immer wieder strecken und entspannen.

3 Longieren im Schulterherein: Der Ausbilder geht vorwärts
und nimmt die rechte Schulter zum Pferd.

Galopp fördern ●●○

Es gibt viele Islandpferde, die erst in diesem eher späten Stadium der Ausbildung vernünftig galoppiert werden können. Deshalb ist es richtig, den Galopp erst ins Arbeitsprogramm aufzunehmen, wenn der Reiter mit seiner Einwirkung aus dem Sitz verhindern kann, dass das Pferd wegrennt und auf die Vorhand kommt.

SO SIEHT DIE ÜBUNG AUS

Besonders beim Islandpferd spielt es eine große Rolle, in welcher Stufe der Ausbildung am und mit dem Galopp gearbeitet wird. Um das zu verdeutlichen, werden die unterschiedlichen Herangehensweisen hier zusammengefasst.

In Stufe 1 (Gerade reiten, siehe Übung 13) nimmt der Reiter das jeweilige Angebot seines Pferdes an, ohne das Angaloppieren bewusst zu erarbeiten. Mancher wird dabei spüren, dass das Pferd (meistens) auf der falschhohlen Seite lieber aus dem Trab angaloppiert. Der Handgalopp auf der hohlen Seite lässt sich in der Regel leichter aus dem Tölt reiten. Zum Angaloppieren wird der Reiter in der Bahn in eine Ecke hinein vorsichtig schneller und lässt das (im Prinzip mit der Wendung in diesem Tempo überforderte) Pferd in den Galopp hineinlaufen.

Im Gelände sucht der Reiter sich geeignete Strecken zum Angaloppieren. Ideal ist eine längere Gerade, die zunächst leicht bergab und dann leicht bergauf führt. Um den Galopp zu finden, lässt er sein Pferd auf den letzten Metern bergab anspringen und dann bergauf galoppieren.

Bewusst angaloppieren und damit in Richtung Versammlung arbeiten kann der Reiter erst, wenn das Pferd die Hilfen für Stellung und Biegung verstanden hat und sich immer mehr gerade richten lässt. Aus dem Kruppeherein findet er dann den gewünschten Handgalopp – und zwar aus dem Schritt, aus dem Trab und aus dem Tölt.

Tipp

Grundsätzlich ist für mehrgängige Islandpferde das Galoppieren deshalb schwierig, weil ihre Hinterhand mehr schiebt als trägt und ihre Beugung deshalb anstrengend ist. Weil das Pferd durch die Vorarbeit im Geradereiten sowie in Stellung und Biegung das Gleichgewicht gefunden und die nötige Kraft aufgebaut hat, kann es jetzt auch im Galopp auf einem kleinen Kreisbogen gearbeitet werden.

Will er sein Pferd in diesem fortgeschrittenen Stadium der Ausbildung aus dem Galopp zurücknehmen, wählt der Reiter eine Schulterherein- oder Schultervorstellung.

Diese Stellung nützt ihm auch, wenn er sein Pferd harmonisch aus dem Galopp in den Rennpass legen will. Vorbereitet hat der Reiter dies durch Paraden in eine Schultervorstellung aus dem Galopp in den (immer schnelleren) Tölt. Die Schultervor-Stellung ist eine Vorstufe zum Schulterherein. Die innere Schulter des Pferdes wird stärker belastet, die äußere wird frei. Gustav Steinbrecht nennt die Schultervor-Stellung deshalb Trabstellung, weil das Pferd in dieser Stellung nur schwer angaloppieren kann. Der Reiter kann im Schultervor also den Trab fördern. Das funktioniert natürlich auch im Tölt. Deshalb ist das Schultervor eine gute Möglichkeit, aus dem Galopp ohne Rückwärtsziehen in den Tölt oder Pass umzustellen.

Galopp ist eine sehr gute Gangart, um das Anheben des Rumpfs zu trainieren und die Versammlung zu fördern.

Diagonale Hilfen ●●●

Schulterherein und Kruppeherein hat der Reiter bislang als Erweiterung seiner Arbeit an Stellung und Biegung mit lateralen Hilfen erreicht. Der Reiter wirkt ab jetzt aber im Wechselspiel mit innerem Schenkel und äußerem Zügel oder äußerem Schenkel und innerem Zügel ein.

Arbeitet der Reiter einhändig, ist es problemlos möglich, mit der Gerte über die Kruppe auf der äußeren Seite den Schenkel zu unterstützen.

SO SIEHT DIE ÜBUNG AUS

Um eine Schultereinstellung zu erzeugen, hat der Reiter bisher auf der hohlen Seite hauptsächlich die äußeren Hilfen eingesetzt, auf der falschhohlen Seite die inneren Hilfen. Je näher er nun der Versammlung kommt, umso mehr ist sichergestellt, dass das Pferd im Brustkorb gleichmäßig rotiert, es sein inneres Hinterbein also immer auch als inneres einsetzt und sein äußeres Hinterbein als äußeres.

Das Pferd ist nun gerade gerichtet, eine unterschiedliche Einwirkung zwischen falschhohler und hohler Seite ist nicht mehr notwendig. Auf gebogenen Linien kann der Reiter nun den Radius mit dem inneren Schenkel vergrößern und mit dem äußeren Zügel verkleinern. Im exakten Wechselspiel beider Einwirkungen hält er die vorgegebene Linie, kann nach Belieben auf drei Hufschlägen arbeiten, die Schulter nach innen stellen (Schulterherein) oder im umgekehrten Spiel mit innerem Zügel und äußerem Schenkel das Kruppeherein fördern. Durch die daraus resultierende stärkere Biegung wird die Lastaufnahme durch das Hinterbein verstärkt.

Tipp

Verliert das Gangpferd als Folge einer zu frühen oder zu starken diagonalen Einwirkung den Takt, galoppiert es also nicht mehr, trabt oder töltet, hat der Reiter den Bogen überspannt. Er muss zurückbuchstabieren – das heißt, weniger Biegung fordern oder sogar kurzzeitig zu den lateralen Hilfen zurückkehren, bis das innere Hinterbein wieder das innere ist und die Rotation wieder stimmt. In der Regel ist das nur ein kurzes Intermezzo, sofern der Reiter sich auf sein Gefühl verlassen kann und rechtzeitig spürt, wenn ihm Stellung und Biegung verloren gehen.

Bei Gangpferden mit viel Rennpass ist das Beugen der Hinterhand im langsamen Tempo oft ein Problem. Der Reiter versucht in diesem Fall, mit der Gerte die Kruppe so zu touchieren, dass die Gelenke der Hinterhand sich mehr beugen. Das hat zur Folge, dass sich die Vorhand aufrichten kann.

Der offene Sitz ●●○

Das gerade gerichtete Pferd verfügt über einen positiv schwingenden Rücken. Es braucht keine Vorspannung im Hals mehr, die in der Dehnung den Rückenmuskel von vorne anzieht; es tritt vielmehr in der Hinterhand so weit nach vorne, dass der Rückenmuskel, der an der Hüfte ansetzt, von hinten gespannt wird. Das Pferd lässt den Reiter sitzen.

SO SIEHT DIE ÜBUNG AUS

In der Regel öffnet der Reiter Oberschenkel und Knie von selbst, sobald das Pferd ihn sitzen lässt. Alles fühlt sich dann ganz einfach an. Im Gleichgewicht mit dem Pferd hat der Reiter nun alle Zeit der Welt, seine Hilfen dosiert einzusetzen. Jetzt kann der Reiter auch die Wade einsetzen, um die Bewegung des Pferdes zu fördern.

Anfangs können es nur ein paar Tritte sein, die das völlig entspannte Mitgehen erlauben. Sobald der Reiter spürt, dass der Pferderücken weniger schwingt und die Rotation des Brustkorbs ungleich wird, muss er die dem Pferd gestellte Aufgabe erleichtern und womöglich seinen Sitz erneut schließen, bis die Harmonie wieder stimmt.

Der Reiter kann sich lässig tragen lassen und sein Pferd über die Einwirkung aus dem Sitz steuern.

DAS ZIEL

Im fortgeschrittenen Ausbildungsstadium ist der offene Sitz Standard der Zusammenarbeit. Das Pferd trägt den Reiter mit Leichtigkeit, die auf den Betrachter wirkt, als sei das Pferd ein „Selbstläufer". Das ist natürlich nicht so. Doch weil er jetzt vom Rücken getragen wird, kann der Reiter die Rotation des Brustkorbs über seinen Gesäßknochen fördern. Die geöffneten Knie und Oberschenkel geben dem Pferd wiederum mehr Spielraum, den Brustkorb frei zu tragen.

Das Pferd ist jetzt in der Lage, über längere Strecken im schnelleren Tempo zu tölten. Der Reiter kann entspannt sitzen und seine Einwirkung fein auf die Bewegung abstimmen.

Wissenswert

Rücken und Rumpf des Pferdes sind in diesem Stadium der Ausbildung von der Hinterhand gestützt und so aufgewölbt, dass der Reiter sich getragen fühlt und fast keine Brustrotation mehr spürt. Hat der Reiter sich entschieden, mit der Gangtrennung bis zu diesem Ausbildungsstand zu warten, ist es aufgrund der geringen Rotation viel schwieriger, dem Pferd das Lateralisieren und Diagonalisieren verständlich zu machen.

Wenn das Pferd im Rücken loslässt, kann der Sitz tief werden und die Balance fördern, ohne dass Spannungen aufkommen.

Tempo und Frequenz ●●●

Wenn es um Versammlung geht, denken viele Reiter nur an ein Verkürzen der Tritte, Schritte und Sprünge. Mindestens ebenso wichtig, für das Islandpferd womöglich wichtiger, ist aber das Gegenstück: der volle Schub der konzentriert versammelten Hinterhand ins Tempo. Gymnastisch sinnvoll lässt sich beides nur in Kombination erarbeiten: im Langsamen mit höherer Frequenz, im Tempo mit weiteren Tritten.

SO SIEHT DIE ÜBUNG AUS
Im Schritt

Beim gestellten und gleichmäßig gebogenen Pferd verkürzt der Reiter durch den geschickten Wechsel von Impuls und Parade im Schritt die Schrittweite, ohne dass Takt und Energie verloren gehen. Im Idealfall erreicht er auf diese Weise den Schulschritt, also den taktreinen Schritt auf der Stelle, und kann aus diesem die Schritte wieder so verlängern, dass sein Pferd starken Schritt geht.

Im Tölt

Im Tölt wird der Reiter mit dieser Hilfengebung vom Arbeits- ins immer schnellere Tempo kommen – und wieder langsamer werden, wobei Tölt und Schritt so eng verwandt sind, dass die Übungseinheit durchaus im versammelten Schritt enden kann.

Das Verkürzen des Rahmens ist für mehrgängige Islandpferde eine Herausforderung. Der Reiter sollte diese Arbeit nicht als Kunststück in Richtung Piaffe einstudieren, sondern aus dem Sitz mit diagonalen Hilfen erarbeiten. In diesem Fall unterstützt die Gerte über die Kruppe den äußeren Schenkel.

Während im langsamen die seitliche Balance immer mehr Koordination fordert, ist das im schnellen Tempo kein Problem. Mit großen Tritten und voller Kraft kann die Hinterhand das gerade gerichtete Pferd nach vorne katapultieren.

Im Trab

Im Trab funktioniert die Arbeit an einer bio-mechanisch korrekten Piaffe exakt nach dem gleichen Prinzip. Dafür werden Trabtritte so weit verkürzt, dass das Pferd auf der Stelle geht.

Im Galopp

Im Galopp entsteht in der höchsten Versammlung der Schulgalopp und ein Terre-à-Terre, also ein Galopp auf der Stelle.

Eine Piaffe ist mit einem Fünfgänger sicher eine Herausforderung. Deshalb stellt sich die Frage, ob der Gangpferdereiter das überhaupt erreichen will. Doch allein zu sehen, wie eine solche Lektion ohne Zwang aus der biomechanisch korrekten Arbeit entwickelt werden kann, ist hilfreich, um die Tragkraft der Hinterhand und den notwendigen Schub für ein imposantes und pferdegerechtes Beschleunigen im Tölt und im Rennpass zu erarbeiten oder aus vollem Pass zu parieren.

Übergang zum Rennpass ●●●

Sicher wird mancher erstaunt den Kopf schütteln, wenn es im Kapitel Versammlung um Rennpass geht. Das ist erst dann logisch, wenn der Rennpass als (ver)spannungsfreie Gangart erkannt wird, die des vollen Schubs der Hinterhand bei maximalem Gleichgewicht bedarf. Theoretisch lässt sich der Rennpass damit am anderen Ende der Versammlungsskala ansiedeln, die im Schulschritt beginnt.

SO SIEHT DIE ÜBUNG AUS

Üblicherweise wird der Übergang in den Rennpass aus dem Galopp geritten. Das hat den Vorteil, dass das für eine Flugphase notwendige Tempo leichter erreicht werden kann.

In Sachen Gleichgewicht bedeutet es aber eine ziemliche Herausforderung: Soll das Pferd ausbalanciert in den Rennpass wechseln, muss es sich „geschlossen", das heißt mit aktiv getriebener Hinterhand, galoppieren lassen. Nur dann bleibt das Pferd beim Legen mit diagonalen Hilfen in der Schulter bergauf und kann die Kraft aus der Hinterhand über den Rücken mit ins Tempo nehmen.

Um keine Missverständnisse aufkommen zu lassen: Rennpass reiten kann man mit talentierten Pferden auch schon früher und anders (mit tiefer Schulter, zu hohem Hals, verspanntem Rücken oder zufällig auch mal, wenn alles passt). Sinnvoll aufgebaut, immer regulierbar und vor allem mit fortgeschrittener Ausbildung auch im hohen Tempo, ist dieser Renngang in der Königsklasse der Ausbildung aber genau richtig angesiedelt.

1–2 Im gelaufenen Galopp wird das Pferd vorwärtsgeritten und immer mehr in die Streckung gelassen. Der Reiter darf weder rückwärts denken noch rückwärts einwirken.

Wie weit der Reiter mit seinem Pferd auf diesem Weg ist, kann er immer wieder austesten:

- Der Reiter kann gerade gerichtet, einhändig galoppieren, sein Pferd daraus schulterherein mit diagonalen Hilfen in den (Renn)Tölt umstellen und auf beiden Händen in noch mehr Streckung treiben.
- Der Reiter kann daraus das Tempo im Kruppeherein wieder reduzieren und anschließend erneut auf der erwünschten Hand angaloppieren.
- Der Reiter kann jederzeit die Galopphand wechseln. All das perfektioniert er so lange, bis der Übergang harmonisch in hohem Tempo möglich ist. Dann sind Pferd und Reiter reif für den Rennpass, der im Prinzip nichts anderes ist als so schneller Tölt, dass das Pferd in die Fußfolge eine Flugphase einbaut.

3 Ist das Hinterbein noch nicht weit genug unter dem Körper, entsteht eine leichte Rolle (Unregelmäßigkeit in Richtung Galopp), die das Pferd mit einer stechenden Vorhandbewegung ausgleicht.

4 Kommt das Hinterbein weit genug unter den gemeinsamen Schwerpunkt, wird die Schulter des Pferdes frei.

5 Ab jetzt kommen nur noch mehr Tempo und Streckung dazu.

Flucht in Naturschiefe einkalkulieren ●●

Die Übungen in diesem Buch haben den Weg gezeigt, ein Gangpferd zu gymnastizieren und in Richtung Versammlung zu arbeiten.
Das Verständnis für die biomechanischen Grundlagen ist dabei
auch deshalb wichtig, weil bei jeder neuen Herausforderung die
„Flucht" in die alte Naturschiefe eine logische Reaktion ist, sich
der Anstrengung zu entziehen.

SO SIEHT DIE ÜBUNG AUS

In pferdegerecht aufgebauten
Prüfungssystemen wird immer
wieder eine Dehnung, ein Zügel-
aus-der-Hand-kauen-lassen,
gefordert. Schwierigkeiten bei
dieser Übung sollten den Reiter
aufmerksam nach den Ursa-
chen forschen lassen, ebenso
wenn er während der Arbeit
spürt, dass sein Pferd sich
nicht mehr über den Rücken
dehnen und seinen Brustkorb
tragen kann. Schon die leises-
ten Zeichen eines Unterhalses,
schon leichte Anzeichen von
Steifheit im Genick sind Warn-
signale, die zeigen, dass das
Pferd überfordert wird – was
ausdrücklich nichts mit Faul-
heit zu tun hat. Das wird der
Reiter merken, wenn er geduldig
zur Grundarbeit zurückkehrt,
Balancefehler abstellt und sich
dann erneut an die Schwierigkeiten heranwagt.

Das Pferd ist mit der Anforderung an Biegung und Beugung der Hinterhandgelenke
überfordert. Seinen Unwillen zeigt es auch mit Schweifschlagen.

In den meisten Fällen ist es nicht Unwille, son- dern mangelnde Kraft, wenn das Pferd sich in Richtung seiner natürlichen Schiefe einer weite- ren Versammlung zu entziehen versucht.
Oft hilft deshalb auch eine kleine Verschnauf- pause, zum Beispiel im Stehen in der Dehnungs- haltung. Oder ein ausgiebiges Streckenlassen in die Dehnung, die das gut gerittene Pferd be- reitwillig sucht. Für einen Moment darf die ent- spannte Dehnung dann auch sehr tief sein.

Wissenswert

Wie viel Kraft und Konzentration die Versamm- lung braucht, kann man sich immer mal wieder bewusst machen und als Reiter selbst in der Halbhocke eine Runde um die Bahn laufen. Das ist zwar nicht dasselbe, kann aber eine Ahnung davon vermitteln, was Überforderung für das Pferd bedeutet.

Jetzt ist Entspannung durch Vorwärts in die Dehnungshaltung das Mittel der Wahl. Das Pferd reagiert deutlich und wählt eine (kurzfristig erlaubte) sehr tiefe Haltung.

Zum Nachschlagen

Die natürliche Schiefe ist eines der wichtigsten Themen, wenn es um pferdegerechtes Arbeiten geht. Der Mensch, der als Reiter das Pferd aus seinem natürlichen Gleichgewicht bringt, sollte diese biomechanischen Zusammenhänge kennen und spüren, wenn er Harmonie erzeugen und Leistung fair einfordern will.

DIE NATÜRLICHE SCHIEFE

Jedes Pferd ist von Natur aus schief. Geht man hinter einem Pferd her, dass im Schritt läuft, kann man erkennen, wie die Hinterbeine unterschiedlich vorschwingen.

- Auf der hohlen Seite des Pferdes senkt sich die Kruppe immer mehr ab als auf der falsch-hohlen Seite.
- Das Pferd stellt den Kopf auch beim gerade-auslaufen in eine Richtung und belastet die Schulter der gegenüberliegenden Seite.
- Die meisten Pferde haben zu Beginn der Aus-bildung auf der falschhohlen Seite keine oder wenig Mähne.

Illu 1 Dieses Pferd ist rechts hohl und links falschhohl (siehe Mähnenfall). Weil es den Hals vom Widerrist aus nach links hält, vermittelt es dem Reiter das Gefühl, es sei nach links gestellt. Der Blick auf das Genick zeigt aber, dass das nicht stimmt.
Könnte der Reiter auf die Hüfte schauen, würde er auch hier erkennen, dass das Pferd nach rechts gestellt ist. Es muss aber seine natürliche Schiefe (rechtes Hinterbein tritt zu kurz, Pferd fällt auf die rechte Schulter) ausgleichen und hält den Hals deshalb nach links.

Wichtig zum Verständnis: Die natürliche Schiefe führt dazu, dass das Pferd nicht C-förmig falsch gebogen ist, sondern S-förmig.

Illu 2 Erst wenn das Pferd korrekt gestellt und gebogen ist, nimmt es eine C-Form an.

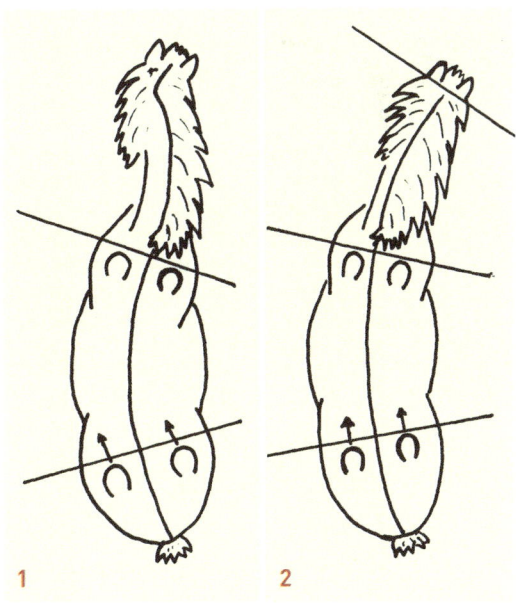

1

2

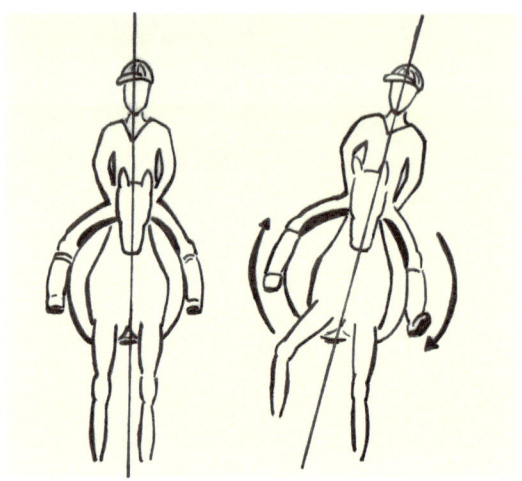

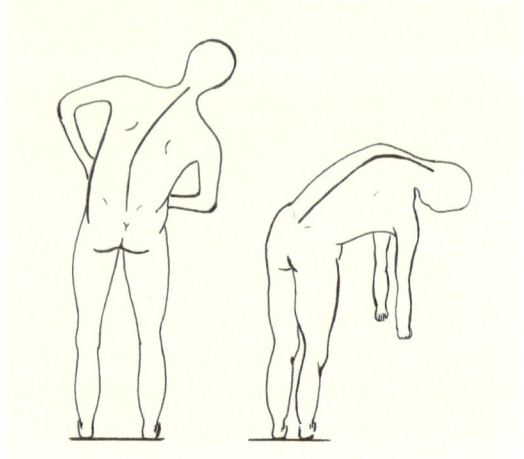

Die Rotation des Brustkorbs

Die Rotation des Brustkorbs erlaubt es dem
Pferd, seine Hinterbeine weit nach vorne zu
setzen. Indem es im Rumpf nach vorne-außen
schwingt, schafft es maximalen Raum für das
innere Hinterbein.

- Am stärksten ist die Rumpfrotation in der
  diagonalen Bewegung, also im Trab.
- Gegen null geht die Rumpfrotation in der
  lateralen Bewegung im Pass.

Mit seinem Sitz und dem Schenkel kann der
Reiter die Rumpfrotation des Pferdes beeinflussen, und ihm damit nicht nur das gleichmäßige
Vortreten der Hinterbeine erleichtern, sondern
auch den Tölt trabartiger oder passartiger
machen.

Wenn die Kammer und die Kissen nicht zu eng sind und der
Sattel nicht zu lang ist, sollte der Reiter die Ursache mögli-
cher Probleme bei sich suchen.

DIE AUSRÜSTUNG DES ISLANDPFERDES
Der richtige Sattel

Der richtige Sattel ist für manche Reiter eine
Glaubensfrage und gern wird ihm die Schuld
gegeben, wenn das Pferd sich im Rücken fest-
macht.

Unsere Erfahrung ist:

- Der Sattel muss in der Länge passen;
- der Sattel sollte das Schulterblatt nicht einengen;
- der Sattel darf nicht auf die Lende drücken, weil er dort die Muskulatur abdrücken und das Pferd zum Schenkelgänger machen würde. Für ein Pferd ist es besonders schmerzhaft, wenn der Sattel den Rückenmuskel zwischen unbeweglichen Lendenwirbelfortsätzen und rotierenden Brustwirbelfortsätzen einklemmt. Deshalb darf man auch nie so weit zurücksatteln, dass der Sattel auf der Lende liegt.
- Die Kammer des Sattels muss so weit sein, dass das Pferd den Rücken jederzeit aufwölben kann.

Wenn die Voraussetzungen – sowohl in der Länge als auch in der Kammerweite – erfüllt sind, liegt es nicht am Sattel, wenn ein Pferd nicht über den Rücken geht. Dann sind es Reiterfehler.

Die Wahl der Gebisse

Grundsätzlich sind für die Arbeit am natürlichen Gleichgewicht Stangengebisse (Trense und Kandare) die richtige Wahl. Der Reiter muss wissen, dass sie als Trensengebisse grundsätzlich aufrichtend wirken, während Hebelgebisse das Abwärtssuchen fördern können.

An dieser Stelle sei nochmals betont, dass ein Hebelgebiss nicht geeignet ist, um mit stetiger Anlehnung zu reiten und dass es nach unserem Verständnis grundsätzlich einhändig geführt werden muss.

Der Kappzaum als Ergänzung gibt dem Ausbilder vom Boden, ebenso wie dem Reiter, die beste Möglichkeit, das Genick des Pferdes in der gewünschten Form zu platzieren. Hat es nur ein

Kandare mit Zungenfreiheit und Schenkeltrense

Gebiss im Maul, kann sich das Pferd hingegen der gewünschten Genickstellung entziehen, indem es die Unterkiefermuskulatur verspannt.

Beschlag und Schutzmaterialien

Am Huf erschweren alle künstlichen Gewichte und Gewichtsunterschiede, ebenso wie lange Zehen, die Arbeit am natürlichen Gleichgewicht. Wenn Pferde, wie wir es empfehlen, viel ausgeritten werden, sollten sie an allen vier Hufen mit gleichschweren Eisen beschlagen sein. Schutzmaterialien wie Glocken oder Streifgamaschen sind wichtig in der Rennsituation im Pass, wenn in der Hektik Fehler auftreten können. Wenn ein Pferd ausbalanciert tölte, sind Schutzmaterialien in jedem Tempo überflüssig. Der Reiter wird spüren, wenn er sein Pferd im Tempo überfordert und das Gleichgewicht verloren geht und das rechtzeitig korrigieren. Im Idealfall gilt das auch für die Passprüfung, in der es auf Rittigkeit und nicht auf höchstes Tempo ankommt.

Dankeschön

Wir danken allen Reitern und Pferden, die uns bei den Foto-
terminen so engagiert unterstützen!

Christine Böhmerle, hier mit Rappstute Kolfinna vom Tiefenbachtal von Risi von Schloss Neubronn

Petra Hilller mit Dreki vom Tiefenbachtal von Dropar frá
Vodmula

Michaela Böhmerle mit dem selbst gezüchteten Ögri von Sjoli
von Dalbaer

Eva Habele mit Brunda vom Tiefenbachtal von Frami frá
Svanavatni

Nils Scheffczyk mit Tónn frá Horni aus Rodur frá Hrefstödum

Wir danken ...

... an dieser Stelle allen, die am Zustande-kommen dieses Buches mitgewirkt haben – den Reitern, die sich getraut haben, den Stand ihrer Arbeit vor der Kamera zu prä-sentieren. Und den vielen anderen Reitern, die sich seit Jahrzehnten um eine pferdege-rechte Ausbildung bemühen. Die Zusam-menarbeit in dieser rasseübergreifenden Szene macht großen Spaß und ist für alle gewinnbringend.

Wir möchten aber auch den Besitzern und Züchtern danken, die ihren Pferden die Zeit gönnen, die eine gesunde Entwicklung braucht – allen voran Heidi Schwörer, die unser Projekt seit vielen Jahren mitträgt.

Christine Merkle, hier mit Reykur vom Tiefenbachtal von Ragnar von Schloss Neubronn

Lisa Ascher mit Ridari vom Tiefenbachtal von Ragnar von Schloss Neubronn

Nützliche Adressen

Islandpferde-Reiter- und Züchterverband Deutschland (IPZV) e.V.
Bundesgeschäftsstelle
Thomas Schille
An der Lamme 3
D - 31162 Bad Salzdetfurth
www.ipzv.de

Landesverbände im IPZV

IPZV Baden-Württemberg e.V.
www.ipzv-lvbw.de

IPZV Bayern e.V.
www.ipzv-bayern.de

IPZV Berlin-Brandenburg e.V.
www.islandpferde-brandenburg.de

IPZV Hannover-Bremen e.V.
www.ipzvhb.de

IPZV Hessen e.V.
www.ipzv-hessen.de

IPZV Mecklenburg-Vorpommern e.V.
www.lv-ipzv-mv.de

IPZV Rheinland e.V.
www.ipzv-rheinland.net

IPZV Rheinland-Pfalz-Saar e.V.
www.ipzv-rheinland-pfalz-saar.de

IPZV Sachsen Thüringen e.V.
www.ipzv-sachsen-thueringen.de

IPZV Schleswig-Holstein & Hamburg e.V.
www.ipzv-sh-hh.de

IPZV Weser-Ems e.V.
www.islandpferde-weser-ems.de

IPZV Westfalen-Lippe e.V.
www.landesverband-wl.de

Österreichischer Islandpferde Verband (ÖIV)
Glangasse 28/9
A - 9300 St. Veit
www.islandpferdeverband.com

Islandpferde-Vereinigung Schweiz (IPV CH)
Wilerstrasse 116 c
CH - 9620 Lichtensteig
www.ipvch.ch

Schloss Neubronn
Islandpferde-Gestüt
Schlossgasse 12
D - 73453 Abtsgmünd

Islandpferde vom Tiefenbachtal
Im Äußeren Bogen 3
D - 72622 Nürtingen

Gestüt Schönbuch
Waldenbucher Straße 151
D - 71093 Weil im Schönbuch

Zum Weiterlesen

Gohl, Christiane: **Was der Stallmeister noch wusste**; KOSMOS 2015
Ausflüge in eine Zeit, in der das Reiten kein Hobby, sondern ein wichtiger Teil des Lebens war, bringen Kurioses, Amüsantes und vor allem erstaunlich Nützliches ans Licht.

Hembes, Silke: **Der Weg zum guten Reiten**, Motivierende und klare Hilfen; KOSMOS 2012
Die Suche nach einer pferdefreundlichen Form der Ausbildung führte Silke Hembes zum klassischen dressurmäßigen Reiten. Hier präsentiert sie ein grundsolides Basisprogramm, von dem Dressur-, Western- und Gangpferdereiter gleichermaßen profitieren. Durch konsequente positive Verstärkung und den Verzicht auf Strafe werden die Pferde zu motivierten Freizeitpartnern.

Heuschmann, Dr. med. vet. Gerd: **Balanceakt**, in dubio pro equo; Edition WuWei bei KOSMOS 2015
In dubio pro equo – Im Zweifel für das Pferd. Dieses Buch bündelt die jahrzehntelange Erfahrung des Autors als Tierarzt, Reiter und Referent. Es zeigt auf, welche Zusammenhänge zwischen der Ausbildung und der reiterlichen Beanspruchung eines Pferdes, seiner Rittigkeit und seiner Gesundheit bestehen.

Heuschmann, Dr. med. vet. Gerd: **Finger in der Wunde**, Was Reiter wissen müssen, damit ihr Pferd gesund bleibt; Edition WuWei bei KOSMOS 2011
Der Bestseller von Dr. Gerd Heuschmann beantwortet alle wichtigen Fragen zur Anatomie des Pferdes und weist für alle Reitweisen den Weg zum schonenden Ausbilden und Reiten.

Higgins, Gillian: **Anatomie, Gymnastizierung, Muskelaufbau**, Die besten Übungen am Boden; KOSMOS 2014
Die Erfolgsautorin beschreibt auf ihre gewohnt anschauliche Art die besten Boden-Übungen zur Gymnastizierung und zum Muskelaufbau des Pferdes. So bleibt der Pferderücken gesund und locker. Mit klar strukturiertem Seitenaufbau, prägnanten Texten und Fotos zu jedem Übungsschritt. Extra: Anatomische Übersichten von Skelett und Muskulatur.

Künzel, Nicole: **Jeder Gedanke ist eine Kraft**; Durch positive innere Bilder im Einklang mit dem Pferd; KOSMOS 2015
Kommen Sie mit auf eine Reise in die Welt der inneren Bilder. Warum reite ich besser, wenn ich ein positiv eingestellter Mensch bin? Wie entsteht ein inneres Bild? Wunderschöne Abbildungen, viele Beispiele und Übungen verdeutlichen die Zusammenhänge und helfen dabei, sich im besten Sinne auf das Pferd und das Reiten einzustimmen.

Masterson, Jim, mit Reinhold, Stephanie: **Körperarbeit für Pferde**; Locker, entspannt, gelöst mit der Masterson-Methode; Edition WuWei bei KOSMOS 2015
Jim Masterson löst mit seiner Art der Körperarbeit und Massage tiefe Verspannungen beim Pferd und bringt es in einen ganzheitlich entspannten Zustand. In vielen Detailaufnahmen werden die einzelnen Handgriffe und speziellen Anwendungsgebiete gezeigt, sodass jeder Reiter sein Pferd individuell behandeln kann. So lockern sich körperliche und seelische Spannungen und vertieft sich die Beziehung des Menschen zu seinem Pferd.

Meyners, Eckart: **Aufwärm- und Übungsprogramm für Reiter**; KOSMOS 2015
Reiter sind Athleten, aber ihr Sport unterscheidet sich von allen anderen Disziplinen. Beim Reiten geht es um Balance, um das richtige Gefühl und Geschmeidigkeit. Eckart Meyners hat ein spezielles Aufwärm-, Fitness- und Bewegungsprogramm entwickelt, mit dem Reiter das Beste aus ihrem Körper herausholen können.

Schöning, Dr. Barbara: **Pferdeverhalten**, Körpersprache und Kommunikation, Lernstrategien und Pferdeerziehung; KOSMOS 2014
Auch wenn unsere Pferde längst nicht mehr in freier Wildbahn ums Überleben kämpfen, sind ihre Ängste, Instinkte und Handlungsprinzipien gleich geblieben. Dieses Buch trägt dazu bei, Pferdeverhalten zu erkennen und zu verstehen. Wer weiß, wie Pferde die Hierarchie in der Herde klären, warum sie bei Gefahr mit Flucht reagieren oder weshalb sie nicht gerne allein sind, kann sie verständnisvoll und pferdegerecht zu zuverlässigen Partnern erziehen.

Schwörer-Haag, Anke: **Das Islandpferd**; KOSMOS 2013
Ein stimmungsvoll bebildertes Buch über eine der liebenswertesten Pferderassen überhaupt: Geschichte, Wesen, Reiteigenschaften, Zucht und Haltung des Islandpferdes in einem wunderschönen Rasseporträt vorgestellt und kommentiert.

Schwörer-Haag, Anke/ Haag, Thomas: **Islandpferde**, besser reiten und richtig ausbilden; KOSMOS 2013
Das neue Standardwerk für Islandpferdereiter zeigt, wie eine pferdegerechte, biomechanisch sinnvolle Ausbildung in Harmonie von Pferd und Reiter aussehen kann!

Stodulka, Dr. med. vet. Robert: **Pferde gesund reiten nach der medizinischen Reitlehre**, KOSMOS 2015
Um Pferde so zu reiten, dass sie gesund bleiben, braucht der Reiter theoretische Kenntnisse und Impulse für die praktische Umsetzung. Dieses Buch zeigt konkrete Übungen, wie jeder Reiter den Weg zu mehr Leichtigkeit und einem harmonischen Dialog mit seinem Pferd findet.

Register

BILDNACHWEIS

143 Farbfotos wurden von Horst Streitferdt für dieses Buch aufgenommen. Die Illustrationen sind von Amelie Butze.

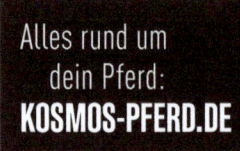

Alles rund um dein Pferd: **KOSMOS-PFERD.DE**

IMPRESSUM

Umschlaggestaltung von eStudio Calamar unter Verwendung von zwei Farbfotos von Horst Streitferdt/Kosmos.

Mit 143 Farbfotos und 4 Schwarz-Weiß-Illustrationen.

Alle Angaben in diesem Buch erfolgen nach bestem Wissen und Gewissen. Sie entbinden den Pferdehalter nicht von der Eigenverantwortung für sein Tier. Autoren und Verlag übernehmen keinerlei Haftung für Personen-, Sach- und Vermögensschäden, die aus der Anwendung der vorgestellten Materialien und Methoden entstehen können.

Unser gesamtes Programm finden Sie unter **kosmos.de.**
Über Neuigkeiten informieren Sie regelmäßig unsere Newsletter, einfach anmelden unter **kosmos.de/newsletter**

© 2015, Franckh-Kosmos Verlags-GmbH & Co. KG, Stuttgart.
Alle Rechte vorbehalten
ISBN 978-3-440-14054-3
Redaktion: Birgit Bohnet
Gestaltung und Satz: Atelier Krohmer, Dettingen/Erms
Gestaltungskonzept: Friedhelm Steinen-Broo, eStudio Calamar
Produktion: Claudia Frank
Druck und Bindung: Esser printSolutions GmbH, Bretten
Printed in Germany / Imprimé en Allemagne